AF618855

Aktuelle Frauenforschung
Band 31

Auf dem Weg zum Ziel?

Vom Gleichberechtigungsartikel über Frauenförderung zur Quote

Carmen Leicht-Scholten

Centaurus Verlag & Media UG 1997

Zur Autorin: *Carmen Leicht-Scholten* absolvierte ein Studium zur staatlich anerkannten Übersetzerin für Spanisch und Englisch sowie ein Studium der Politischen Wissenschaften. Derzeit promoviert sie an der Universität Hamburg zum Thema »Das Landesverfassungsgericht und die Gleichberechtigung der Frau«.

Die Deutsche Bibliothek – CIP-Einheitsaufnahme

Leicht-Scholten, Carmen:
Auf dem Weg zum Ziel? : vom Gleichberechtigungsartikel über Frauenförderung zur Quote / Carmen Leicht-Scholten. – Pfaffenweiler : Centaurus-Verl.-Ges., 1997
(Aktuelle Frauenforschung ; Bd. 31)
ISBN 978-3-8255-0067-2 ISBN 978-3-86226-292-2 (eBook)
DOI 10.1007/978-3-86226-292-2
NE: GT

ISSN 0934-554X

Satz: Vorlage der Autorin

Für Uwe

„... daß es Dich gab, macht mich heiter!“

Inhalt

I. Hinführung 1

1. Problemstellung und Aufbau der Arbeit 2

II. Theoretischer Hintergrund 6

1. Artikel 3 GG – Die Wurzel der Gleichheit 6
2. Gleichheit und/oder Gleichberechtigung? – Offenlegung eines 'Fehlschlusses' 12
3. Gleichstellungsbegriff, Gleichstellungsvorstellungen und Gleichstellungsstrategien 18

III. Umsetzung und Weiterführung von Art. 3 GG durch Legislative und Exekutive 23

1. Stationen in der Gesetzgebung 23
2. Von der 'de jure'- zur 'de facto'-Gleichberechtigung – Institutionelle Frauenpolitik 28
   - 2.1 Gleichstellungsstellen 28
   - 2.2 Konzepte zur Frauenförderung – Frauenförderpläne und 'Antidiskriminierungs'-Gesetze 30
   - 2.3 Die Parteien und die Frauenförderung 33
   - 2.4 Effektivität von Frauenförderung 35

IV. Die Quote als Instrument der Frauenförderung 37

1. Definitionen und Abgrenzungen unterschiedlicher Modelle 38
   - 1.1 Unterscheidung nach rechtlicher Bindungswirkung 38
   - 1.2 Unterscheidung nach Bezugsgrößen 38
   - 1.3 Unterscheidung nach Regelungszustand 39

2. Die Idee der Quote – Beispiele bestehender Quotenregelungen in der Bundesrepublik Deutschland 40
3. Erfahrungen mit 'Frauenquoten' – das Beispiel Schweden 41
4. Verfassungsmäßigkeit oder Verfassungswidrigkeit von Frauenquoten – ein rechtswissenschaftlicher 'Dauerbrenner' 44
4.1 Politische Argumentationsebene 45
4.2 Verfassungsrechtliche Ebene 46
4.2.1 Allgemeines Diskriminierungsverbot 46
4.2.2 Das Leistungsprinzip im öffentlichen Dienst 48
4.2.3 Qualifikation, mehr als die Summe ihrer Teile? 48
4.2.4 'Leistung contra Quote' 49
5. Quotierung – auf dem Weg zum Ziel? 51

V. DAS FRAUENFÖRDERUNGSGESETZ VON NORDRHEIN-WESTFALEN 52
1. Wegbereiter des Frauenförderungsgesetzes – das Frauenförderungskonzept von 1985 52
1.1 Der erste Bericht zum Frauenförderungskonzept 54
1.2 Der zweite Bericht zum Frauenförderungskonzept 57
1.3 Ergebnisse und Tendenzen 61
2. Das Frauenförderungsgesetz (FFG) 63
2.1 Weiterentwicklung des Frauenförderungskonzeptes 63
2.2 Anhörung von Experten und Verbänden zum FFG 64
2.3 Verabschiedung des Frauenförderungsgesetzes 68
2.4 Die Quotenform im FFG 69
3. Stärken und Schwächen des FFGs 70
3.1 Die Anrufung des Bundesverfassungsgerichtes – direkte und indirekte Auswirkungen 70
3.2 Befragung von Gleichstellungsbeauftragten in NRW 72

VI. AUSBLICK 76

VII. BIBLIOGRAPHIE 78

VIII. ANHANG 85

I. HINFÜHRUNG

Der Tatbestand eines herrschenden Ungleichgewichtes zwischen der formaljuristischen Gleichstellung von Frauen und Männern, wie sie in Artikel 3 GG formuliert ist, und der tatsächlichen Gleichberechtigung im privaten wie im beruflichen Bereich, ist sowohl im gesellschaftlichen Bewußtsein, als auch auf politischer Ebene inzwischen allgemein anerkannt.

Durch die Frauenbewegung wurden Themen - wie „Gewalt in der Ehe", „Infragestellung des tradierten Rollenverständnisses", „Sexualität der Frau" - die das Recht der Frau auf Selbstbestimmung in den unterschiedlichsten Bereichen betrafen, öffentlich diskutiert und damit ein großes allgemeines Bewußtsein für die vielfältigen Formen der Ungleichheit zwischen Mann und Frau geschaffen. Frauen geben sich in zunehmendem Maße nicht mehr damit zufrieden rechtlich gleichberechtigt zu sein, sondern fordern tagtäglich in allen Bereichen dieses Recht ein. So konnten auch die politischen Parteien, den sich vollziehenden gesellschaftlichen Wandel nicht unberücksichtigt lassen und nahmen viele Forderungen der Frauen in ihre Politik auf. Frauenpolitische Themen werden inzwischen auf allen Ebenen des politischen Entscheidungsprozesses verhandelt, und durch den immer stärker werdenden Druck von Frauenseite wird Frauengleichstellungspolitik auch zunehmend als politische Notwendigkeit erkannt, und umgesetzt. „Frauenpolitik"[1] ist *das* Politikfeld der 90er Jahre und damit verbunden „Frauenförderung".[2] Dahinter verbirgt sich eine große Zahl unterschiedlichster Konzepte und Maßnahmen – von der Einrichtung der Gleichstellungsstellen, über die Erarbeitung von Frauenförderplänen oder eines Antidiskriminierungsgesetzes, bis hin zu Quotenregelungen.

1 Dabei ist der Bereich Frauenpolitik bisher weder thematisch genau abgegrenzt und bestimmt, noch herrscht allgemeine Übereinstimmung darüber, ob er als Teilbereich in allen Politikbereichen bestehen , oder als unabhängiger Bereich angesiedelt werden sollte.

2 Wenn im Rahmen der Arbeit von Frauenförderung gesprochen wird, so geschieht dies, um durch die Benutzung der bestehenden Terminologie eine thematische Eingrenzung zu erleichtern. Die Erörterung der Frage, ob „Frauenförderung" der geeignete Begriff ist, um einem Teil der Gesellschaft, die ihm zustehende Teilhabe in allen Bereichen zu realisieren, würde den Rahmen der Arbeit sprengen.

In der Bundesrepublik werden frauenfördernde Maßnahmen in den einzelnen Bundesländer in unterschiedlicher quantitativer und qualitativer Weise angewendet, was Untersuchungen zum Thema erschwert und, weshalb von *der* Frauenförderung auch nicht gesprochen werden kann.

1. Problemstellung und Aufbau der Arbeit

Über ein derart vielbesprochenes Thema zu schreiben, ist dennoch aus mehreren Gründen sinnvoll: Während andere neue Politikbereiche, wie etwa die Umweltpolitik, eine wahre Forschungswelle auslösten, wurden gleichstellungsrelevante Themen in den hauptsächlich von Männern betriebenen Politikwissenschaften, äußerst selten behandelt.[3]

Bisher beschäftigten sich vorwiegend Juristen mit dem Thema, wobei es weniger um Fragen der Umsetzung und Umsetzbarkeit als vielmehr um die Frage der Verfassungsmäßigkeit von Frauenförderung ging. Den politischen Forderungen von Frauen und den folgenden Absichtserklärungen der Parteien, standen die Bedenken der Juristen gegenüber.

Das Thema Frauenförderung ist zwar in „aller Munde", was aber keineswegs bedeutet, daß Konsens darin besteht, was darunter zu verstehen ist, oder wie diese auszusehen hat.

Eine Aufarbeitung und Verknüpfung von juristischen, soziologischen und vor allem politikwissenschaftlichen Ansätzen, wie sie im folgenden vorgenommen werden soll, ist äußerst selten. Gerade von Gleichstellungsbeauftragten aber wird eine derartige wissenschaftliche Aufarbeitung von Frauenförderungsmaßnahmen gefordert, wie eine Befragung kommunaler Gleichstellungsbeauftragter in Nordrhein-Westfalen zeigte.[4] So wird die Frage nach der Frauenpolitik der Parteien und ihre Auswirkungen auf die Arbeit der Gleichstellungsstellen ebenso gestellt, wie die nach den Durchsetzungschancen von Frauenförderungsmaßnahmen.

Die Quote als Mittel der Frauenförderung ist das zentrale Thema der Arbeit, wobei am Ende die Beantwortung der Frage steht: Ist Quotierung als Maßnahme zur Frauenförderung geeignet und wenn ja in welchem Rahmen?

---

3 Als eine der Veröffentlichungen der letzten Jahre, in denen auch institutionelle Frauenpolitik untersucht wird, ist exemplarisch Uta Krautkrämer-Wagner: „Die Verstaatlichung der Frauenfrage. Gleichstellungsinstitutionen der Bundesländer – Möglichkeiten und Grenzen staatlicher Frauenpolitik. Bielefeld, 1989 zu nennen.

4 Schlüter, Anne: Zum Forschungsbedarf der kommunalen Gleichstellungsstellen – Parteilichkeit für Frauen. in: Schlüter, A./Stahr, I. (Hrsg.): Wohin geht die Frauenforschung. Köln 1990, vgl. S. 251-255

Zugrunde liegt die Hypothese, daß Quotierung deshalb so umstritten ist, weil es sich dabei gar nicht mehr um eine Maßnahme zur Förderung von Frauen handelt, sondern die Quote vielmehr den Anspruch der Frauen an gleicher Teilhabe in allen Machtbereichen darstellt, und damit über die bisher gewährten Zugeständnisse an Frauen weit hinausgeht und die bestehende Machtverteilung gefährdet.

Die Forderung nach einer Frauenquote im beruflichen und gesellschaftlichen Bereich ist das letzte Glied in der Kette einer Vielzahl von Maßnahmen, mit denen Frauen seit der Schaffung des Gleichberechtigungsartikels versuchen, diesen in ihrem Alltag umzusetzen. Auf Grund der spärlichen Erfolge der bisherigen Maßnahmen wurde zu einer stärkeren Waffe gegriffen, weshalb Quotierung auch die wohl am kontrovers diskutierteste Maßnahme zur Frauenförderung ist.

Seit ihrer „Entdeckung" für die Frauen hat die Quote sowohl auf politischer als auch auf gesellschaftlicher Ebene – inklusive der Frauenbewegung – ebensoviele GegnerInnen wie BefürworterInnen. Für die einen schien Quotierung ein „Schritt in die falsche Richtung", für die anderen die „Ultima ratio" zur Durchsetzung der Gleichberechtigung von Mann und Frau.

So wurden Quotierungsregelungen zugunsten von Frauen bei der Vergabe von Parteiämtern, Parlamentsmandaten oder auch bei Erwerbsplätzen bis vor wenigen Jahren hauptsächlich in kleinen juristischen und politischen Fachkreisen diskutiert.

Auch als die Grünen ihre Vorstände und Parteilisten mindestparitätisch mit Frauen besetzten, beeinflußte das die öffentliche Diskussion kaum. Erst als eine der beiden großen Parteien, die SPD, sich 1988 für eine interne Quotenregelung zugunsten von Frauen entschlossen hatte, und in Erwägung zog, in den von ihr regierten Bundesländern auch Quotierung bei den Stellenbesetzungen im öffentlichen Dienst einzuführen, wurde die Diskussion abrupt von ihrem theoretischen Sockel geholt und – mitten in die Realität gestellt – zu einer politischen Realität, die grundlegende Veränderungen für die gesellschaftliche Stellung von Frauen bewirken kann.

Einen ersten Vorstoß machte das *Land Nordrhein-Westfalen*, das nach vierjähriger Laufzeit eines Frauenförderungskonzeptes mit einer „Soll- Quotierung", 1989 schließlich das Frauenförderungsgesetz verabschiedete, das Quotierung im öffentlichen Dienst gesetzlich vorsieht. Es wurde dabei versucht, die im Laufe der Jahre in Zusammenhang mit Frauenförderkonzepten aufgedeckten Implementationsschwierigkeiten zu beseitigen, um damit das Ziel der Gleichstellung beider Geschlechter zu erreichen.

Um der oben genannten Fragestellung gerecht zu werden, und die Quote als Mittel der Frauenförderung einzuschätzen und zu bewerten, wird in mehreren Schritten vorgegangen.

In einem ersten Teil sind grundlegende Fragen zur Frauenförderung zu erörtern. Ausgangspunkt für jegliche Art der Frauenförderung ist Art. 3 GG, auf dem basierend über Rechtsmäßigkeit oder Verfassungswidrigkeit einzelner Maßnahmen entschieden wird. Ein Einblick in die Entstehungsgeschichte des Grundgesetzes zeigt die Vorstellungen, die die „Väter und Mütter" des Grundgesetzes bezüglich

Gleichberechtigung hatten, und verweist auch auf die Notwendigkeit einer theoretischen Begriffsbestimmung. Denn unterschiedliche Vorstellungen, die einige Mitglieder des Parlamentarischen Rates mit den Begriffen Gleichberechtigung und Gleichheit verbanden, sind auch heute noch Ursache für Schwierigkeiten bei der Forderung nach Gleichberechtigung von Mann und Frau. Erst die genaue Bestimmung der dahinterliegenden Konzepte ermöglicht es, mit den Begriffen zu operieren und die darauf aufbauenden Maßnahmen zu bewerten.

Sie ermöglichen auch, den Gleichstellungsbegriff, die Gleichstellungsvorstellungen und die darauf aufbauenden Konzepte der Frauenförderung und ihre Umsetzung in der bundesrepublikanischen Politik einzuordnen.

In einem zweiten Kapitel wird die Umsetzung und Weiterführung von Art. 3 GG durch Exekutive und Legislative betrachtet. Zunächst werden die wichtigsten Schritte der Legislative zu nennen sein, um dann die Maßnahmen des Staates zu diskutieren, die zur Umsetzung dieser Gesetze geschaffen wurden.

Und obwohl Quotierung ein ständig diskutiertes Thema ist, herrschen nicht selten große Unklarheiten und ganz unterschiedliche Vorstellungen darüber, wie Quotierung konkret aussieht oder auszusehen hat.

Von der „Quotenfrau“ als Dequalifizierungsbegriff für Frauen, ist dabei ebenso die Rede, wie von der Angst vor der „Diskriminierung der Männer“, die gegenüber der „schlechter qualifizierten – aber quotierten Frau“ das Nachsehen haben.Deshalb sind die unterschiedlichen Quotierungsmodelle zu beschreiben und, die in der Diskussion um Quotierung immer wieder aufkommenden Problemfelder – wie die Vereinbarkeit mit dem Grundgesetz und die Qualifikationsdebatte – zu analysieren, um so die Stärken und Schwächen verschiedener Quotierungsmöglichkeiten aufzeigen zu können.

Das Frauenförderungsgesetz in Nordrhein Westfalen ist schließlich die Grundlage des fünften Kapitels. Auf Grund von Erfahrungen mit dem vorangegangen Frauenförderplan hat die nordrhein-westfälische Regierung ein Gesetz verabschiedet, das eine vorrangige Einstellung von Frauen bei gleicher Qualifikation verlangt. Es war damit das erste Gesetz in der Bundesrepublik, das eine „Frauenquote“ festlegt – allerdings mit der Beschränkung auf den öffentlichen Dienst.

Der Implementationsforschung folgend, soll die Frage nach der Umsetzung des Gesetzes zur Frauenförderung im administrativen Handeln untersucht werden. Worin liegen die Stärken und worin liegen die Schwierigkeiten innerhalb des formulierten Gesetzes, die eine Umsetzung erschweren oder gar verhindern?

Dabei ist es wichtig, weder auf der juristischen Ebene stehenzubleiben, noch diese zu vernachlässigen[5], sondern vielmehr das Maß der Umsetzung normativer Anordnung in soziale Wirklichkeiten zu bestimmen, um so politische und gesell-

---

5 Es ist im Rahmen dieser Arbeit nicht möglich, die Frage zu erörtern, ob ein Gesetz gesellschaftlichen Wandel bewirkt oder sich umgekehrt gesellschaftlicher Wandel in Gesetz niederschlägt. Ausgangspunkt ist vielmehr die Annahme einer Interdependenz zwischen Recht und gesellschaftlichem Wandel.

schaftliche Schwierigkeiten bei der Implementation einer Quotenregelung aufzuzeigen.

Um der aufgeworfenen Problemstellung gerecht werden zu können, wird das Frauenförderungsgesetz auf die, in den vorangegangenen Kapiteln thematisierten Problemfelder hin zu untersuchen sein.

Nach der Darstellung der Erfahrungen mit dem Frauenförderungskonzept, wird die Weiterentwicklung zum Frauenförderungsgesetz beschrieben. Dabei ist die Diskussion von Befürwortern und Gegnern des Gesetzes bis zur endgültigen Verabschiedung des Gesetzes ein wichtiger Indikator für die zu erwartenden Implementationsschwierigkeiten.

Die Auswertung einer Befragung von Gleichstellungsbeauftragten der Hochschulen in Nordrhein-Westfalen zum Frauenförderungsgesetz wird es ermöglichen, die Schwierigkeiten aufzuzeigen, mit denen sich die „Frauen der Praxis“ bei der Durchsetzung von Frauenpolitik konfrontiert sehen.

Die Verfasserin erhebt auf Grund der kurzen Laufzeit des Gesetzes nicht den Anspruch der Allgemeingültigkeit, der von ihr in Bezug auf das Frauenförderungsgesetzes vertretenen Thesen, sondern versteht die Arbeit vielmehr als Versuch, neue Tendenzen in der „Frauenpolitik“ aufzuzeigen und zu beschreiben.

II. Theoretischer Hintergrund

Ausgangspunkt für jegliche Maßnahmen von Frauenförderung ist das Bestreben, die gesetzlich verankerte Gleichberechtigung auch in gesellschaftliche Realität umzusetzen, und die gleichberechtigte Stellung von Mann und Frau in einer Gesellschaft zu erreichen, die bisher von Männern geprägt und bestimmt wurde. Doch, was überhaupt bedeutet Gleichberechtigung?

Die Vorstellung von Gleichberechtigung zwischen Mann und Frau, so einstimmig sie inzwischen auch im politischen und gesellschaftlichen Bereich gefordert werden mag, ist inhaltlich oft sehr unterschiedlich ausgestaltet.

Je nach gesamtgesellschaftlichem Kontext erhält Gleichberechtigung eine unterschiedliche Bedeutung.

Dabei kreist die Frage meist um eine wichtige Dimension, die die Gleichberechtigungsforderungen von Frauen von Anfang an mehr oder weniger explizit begleitet hat. Die Frage nach der Gleichstellung der Geschlechter beinhaltet immer auch die Frage nach dem Gegenteil, dem Beharren auf dem Unterschied, dem Anderssein, der Differenz. Wird diese Frage vernachläßigt, ist Gleichberechtigung zwar einfacher zu operationalisieren, läßt dabei aber die unterschiedlichen Lebensbedingungen unberücksichtigt, wie sie sich für Männer und Frauen in der bestehenden modernen Gesellschaft darstellen.

1. Artikel 3 GG – Die Wurzel der Gleichheit

„(Gleichheit vor dem Gesetz)

(1) Alle Menschen sind vor dem Gesetz gleich.

(2) Männer und Frauen sind gleichberechtigt.

(3) Niemand darf wegen seines Geschlechtes, seiner Abstammung, seiner Rasse, seiner Sprache, seiner Heimat und Herkunft, seines Glaubens, seiner re-

ligiösen oder politischen Anschauung benachteiligt oder bevorzugt werden."[1]

Mit diesem Artikel schuf der Parlamentarische Rat im Februar 1949 die gesetzliche Grundlage für die Gleichberechtigung zwischen Mann und Frau.

Ein Blick in die Entstehungsgeschichte des Grundgesetzes zeigt, daß er das Ergebnis einer sehr kontrovers geführten Diskussion ist, und es keinesfalls einfach war, die unterschiedlichen Vorstellungen von Gleichberechtigung, in einer Formulierung des Gesetzes zu vereinen.

Doch ungeachtet der Tragweite, die diese Kontroversen für die Auslegung des Art. 3 GG haben, fanden sie bisher keinen Eingang in die Forschung über die Entstehungsgeschichte des Grundgesetzes. Erst in der Dissertation von *Reich-Hilweg*[2] wurden sie, ihrer Bedeutung entsprechend, diskutiert.

Die Diskussionsgrundlage für Artikel 3 bildete Artikel 19[3] des Ausschusses für Grundsatzfragen des Parlamentarischen Rates.

Ein Rechtsgutachten[4] dazu löste die ersten Debatten aus. Es empfahl dem Gesetzgeber den Absätzen 2 und 3 einen weiteren Absatz hinzuzufügen: „(4) Im übrigen ist es Aufgabe der Gesetzgebung, im Streben nach Gerechtigkeit und im Dienste des Gemeinwohls 'Gleiches gleich, Ungleiches verschieden zu behandeln'[5], oder auch: 'nach seiner Eigenart verschieden zu behandeln'."[6] und in Absatz 3 noch das Wort „Klasse" einzufügen. Ausgehend von diesem Gutachten beschließt der Ausschuß am Ende der 1. Lesung folgende veränderte Fassung von Absatz 1 und 3, während Absatz 2 unverändert bleibt:

„(1) Alle Menschen sind vor dem Gesetz gleich. Das Gesetz muß Gleiches gleich, kann Verschiedenes nach seiner Eigenart behandeln. Jedoch dürfen die Grundrechte nicht angetastet werden.

---

1 Grundgesetz für die Bundesrepublik Deutschland, Bonn 1976, Die Grundrechte, S. 20. Seit der Verfassungsreform von 1994 lautet Art. 3 Abs. 2 GG folgendermaßen: 'Männer und Frauen sind gleichberechtigt. Der Staat fördert die tatsächliche Durchsetzung der Gleichberechtigung von Frauen und Männern und wirkt auf die Beseitigung bestehender Nachteile hin.

2 Reich-Hilweg, Ines: Männer und Frauen sind gleichberechtigt. Art. 3 Abs. 2 GG, Frankfurt 1979

3 Er lautetete:
„(1) Alle Menschen sind vor dem Gesetz gleich.
(2) Männer und Frauen haben dieselben staatsbürgerlichen Rechte und Pflichten.
(3) Niemand darf seiner Abstammung, seiner Rasse, seines Glaubens, seiner religiösen oder politischen Anschauungen wegen benachteiligt werden."

4 Erstellt vom Professor der Rechte an der Universität Bonn Dr. R. Thoma, beauftragt von der CDU.

5 Diese Rechtsvorstellung basiert auf der aristotelischen Gerechtigkeitsgleichheit, das in Kapitel II.2 ausführlich dargestellt wird.

6 Feuersenger, Marianne: Die garantierte Gleichberechtigung, Freiburg 1980, S. 24

(3) Niemand darf seines Geschlechtes, seiner Abstammung, seiner Rasse, seiner Sprache, seines Glaubens, seiner religiösen oder politischen Anschauungen wegen benachteiligt oder bevorzugt werden."[7]

Dieser Entwurf sollte der Anfang äußerst kontrovers geführter Diskussionen sein.

Als die Fassung in der Öffentlichkeit bekannt wurde, gab es starken Widerstand und unzählige Protestbriefe, worunter sich vor allem Frauenorganisationen[8] befanden. Sie sahen in dieser Formulierung keinen Fortschritt gegenüber der Weimarer Verfassung – die den Frauen nur auf staatsbürgerlicher Ebene gleiche Rechte und Pflichten eingeräumt hatte – und befürchteten, daß mit dem Satz „Ungleiches ungleich zu behandeln" einer möglichen Diskriminierung von Frauen auf Grund ihres Geschlechtes Tür und Tor geöffnet ist.

Die SPD, die durch ihr nicht dem Grundsatzausschuß angehörendes Mitglied *Dr. Elisabeth Selbert*[9] an ihre ursprüngliche Gleichberechtigungsforderung[10] erinnert und darauf zurückgeführt wurde, formulierte schließlich einen Initiativantrag, der in der ersten Lesung im Hauptausschuß aber abgelehnt wurde. Die bürgerliche Mehrheit aus CDU/CSU, FDP und DP hatte sich durchsetzen können.

Grund für diese Ablehnung war der zweite Absatz der besagte: „Männer und Frauen sind gleichberechtigt."

Bei diesem zunächst so harmlos klingenden Satz befürchteten nämlich alle Parteien, von SPD und dem Mitglied der KPD abgesehen, die „unabsehbaren" zivilrechtlichen und sozialpolitischen Konsequenzen, die der Abgeordnete *Dr. von Mangoldt* folgendermaßen zusammenfaßte: „Wir waren durchaus der Auffassung,<in den Diskussionen des Grundausschusses. Nota C.L.> daß die Frauen den Männern gleichgestellt werden sollten. Wir waren nur der Auffassung, wenn wir den Antrag in der hier vorgeschlagenen Formulierung vorsehen würden, könnten sich daraus rechtliche Konsequenzen ergeben, die sich nicht übersehen lassen, einmal hinsichtlich der verschiedenen Bestimmungen des Bürgerlichen Rechts.(...)

7 Ebd., S. 25

8 Vgl. dazu auch Reich-Hilweg, I., a.a.O., S. 22 und Böttger, Barbara: Das Recht auf Gleichheit und Differenz. Elisabeth Selbert und der Kampf der Frauen um Art. 3 II Grundgesetz, Münster 1990, S. 191 ff

9 Elisabeth Selbert war für den Parlamentarischen Rat von Hessen ernannt worden, obwohl sie nicht im Landtag saß. Sie ist maßgeblich daran beteiligt, daß Artikel 3 des Grundgesetzes in seiner heutigen Form zustandekam. Durch die Frauenforschung „wiederentdeckt" wurde ihr Leben und Wirken nachgezeichnet, und so erhielt eine der „Mütter des Grundgesetzes" die ihr zustehende Beachtung. Böttger, Barbara, a.a.O.

10 Die Forderung nach Gleichberechtigung war bereits in einer Entschließung zur „Frauenfrage" 1946 klar ausgesprochen worden

Das bisher geltende Recht würde in sich zusammenfallen, und nichts würde an seine Stelle treten."[11]

Daß viele Bestimmungen des Bürgerlichen Gesetzbuches (BGB) über Ehe- und Familienrecht damit hinfällig würden, zeigt aber, daß es sich in diesen Debatten nicht nur um Formulierungsfragen, sondern um den, wenn auch verdeckten Versuch handelte, weiterhin eine Ungleichbehandlung von Mann und Frau aufrechterhalten zu können. Das wird in einem Zitat des CDU Abgeordneten *Dr. von Mangoldt* in Zusammenhang mit einer Diskussion des Art. 21 deutlich: „Gerade dadurch sollte die Möglichkeit offenbleiben, bei verschiedenem Tatbestand eine verschiedene gesetzliche Regelung vorzusehen. Vor dem Gesetz bleibt dann aber jeder gleich."[12] In seinem später veröffentlichten Kommentar zum Grundgesetz sagt Mangoldt, daß der Gleichberechtigungsgrundsatz „nur relative, die funktionale Verschiedenheit der Geschlechter berücksichtigende sinngemäße Gleichheit"[13] zuschreibe.

Ferner gab es Befürchtungen, daß die Schutzbestimmungen für Frauen – wie z.B. das Nachtarbeitsverbot – durch diese 'Gleichmacherei' von Mann und Frau gefährdet seien. Und da in der Formulierung von Seiten der CDU/CSU Fraktion „keine grundsätzlichen Meinungsverschiedenheiten"[14] sondern nur Formulierungsfragen gesehen wurden, reichte sie schließlich einen Antrag ein, mit dem sie sich der SPD annäherte.[15]

Bei der einmütigen Annahme des Gesetzentwurfes mit dem endgültigen Wortlaut – wie er heute im Grundgesetz steht – spielte noch einmal die Reaktion der Öffentlichkeit eine entscheidende Rolle. Das Ergebnis der ersten Lesung löste in der Presse ebenso wie in der Bevölkerung heftige Diskussionen aus.

Unzählige Frauenverbände und Frauengruppen hatten, so *Elisabeth Selbert* „Waschkörbe voller Eingaben"[16] gemacht und damit dem schon zweimal abgelehnten Entwurf unbestritten zum späteren Gesetz verholfen. Sie gehörten zu den wenigen Gruppen, die die Entscheidungen des Parlamentarischen Rates über Eingaben[17] zu beeinflussen suchten. Im Gegensatz zu anderen Gruppen[18] werden die Initiativen der Frauen aber in den Entstehungsgeschichten zum Grundgesetz nicht

---

11 Parlamentrarischer Rat (PR), Hauptausschuß, Bonn, 1948/49, Dr. von Mangoldt (CDU), S. 205

12 Abg. Dr. von Mangoldt, (CDU), a.a.O. S. 219

13 Mangoldt, H. v./Klein, F.: Das Bonner Grundgesetz, Berlin 1957, S. 205

14 Abg. Kaufmann (CDU),17. Sitzung der Verhandlungen des Hauptausschusses, 3.12.1948, S. 206

15 Artikel 4, Abschnitt 2 lautete demnach folgendermaßen: „Männer und Frauen haben die gleichen Rechte und Pflichten. Die Gesetzgebung hat dies auf allen Rechtsgebieten zu verwirklichen."

16 Elisabeth Selbert in ihrer Rede am 18. 1.49, PR, a.a.O. S. 541

17 Vgl. dazu Böttger, B., a.a.O., S. 191-215

18 So werden z.B. Naturschützer, ebenso wie Flüchtlingsverbände oder die Interessenvertretungen von Beamten, Richter Lander, Gemeinden, Kirchen etc. erwähnt, vgl.: Merkl, P.: Die Entstehung der Bundesrepublik Deutschtschland, Stuttgart 1965, S. 78 + 92 ff

erwähnt, was ebenso auf die gering zugemessene Bedeutung, als auch auf einen „handfesten Patriarchalismus“[19] zurückgeführt werden kann.

Der Vorwurf an die CDU/CSU Fraktion sich nicht zur Gleichberechtigung von Mann und Frau bekennen zu wollen, führte diese zu einer veränderten Haltung in der zweiten Lesung.

Die Fraktion versuchte das „Mißverständnis“ folgendermaßen zu erklären: „Es ist so viel Sturm entstanden, daß wir gedacht haben – es liegt uns ja gar nichts an einer bestimmten Formulierung –, wenn diese Formulierung unklar und unzureichend erscheint, dann wählen wir eine andere Formulierung.“[20] Daß der Wortlaut dieses Gesetzes aber viel mehr als eine reine Formulierungsfrage ist, zeigen die mit den jeweiligen Fassungen verbundenen Konsequenzen. Während die von der CDU/CSU vorgeschlagene Formulierung der „gleichen staatsbürgerlichen Rechte von Männern und Frauen“ nur die Gleichstellung im staatsbürgerlichen Sinne betreffen, machte die von der SPD geforderte Fassung – die schließlich Eingang ins Grundgesetz gefunden hat – Änderungen des BGB notwendig und läßt heute bei ihrer Auslegung unterschiedliche Deutungen zu. Elisabeth Selbert, der es mit dieser Fassung um weitaus mehr als um eine „bloße Formulierung“ ging, wollte darin einen imperativen Verfassungsauftrag enthalten wissen[21], wie sie in der Begründung zum Entwurf deutlich machte.

Dieser Entwurf wurde schließlich am Ende der zweiten Lesung von allen Parteien akzeptiert.

Durch die Einräumung einer Übergangszeit[22] wurde dem Gesetzgeber die Möglichkeit geschaffen, die nun notwendige Reform des BGB schrittweise zu vollziehen.[23] Außerdem herrschte Übereinstimmung darin, daß der Satz von der Gleichberechtigung auch beinhaltet, daß „Mann und Frau bei gleicher Arbeit auch gleichen Lohn bekommen“[24], was auch ausdrücklich im Protokoll festgehalten werden sollte.[25]

So wurde die endgültige Fassung des Artikels 3 GG in der Dritten Lesung schließlich einstimmig angenommen.

---

19 Böttger, B., a.a.O. S. 191. Sie gibt im folgenden auch noch als Erklärung an, daß viele Eingaben direkt an Abgeordnete gemacht, und diese oft nicht systematisch erfaßt wurden. vgl., S. 192 f

20 PR, 42. Sitzung der Verhandlungen des Hauptausschusses, 18.1.1949, Abg. Dr. Weber (CDU), S. 539

21 Vgl. Böttger, B., a.a.O., S. 164

22 Gemäß Artikel 117. Abs. 1 GG sollten alle dem Prinzip der Gleichberechtigung entgegenstehenden Gesetze bis zum 31. März 1953 geändert sein.

23 Auf die Umsetzung wird in Teil III ausführlich eingegangen

24 PR, Abge. Dr. Selbert (SPD), a.a.O., S.541

25 Damit wurde schon auf einen Angelpunkt der Gleichberechtigung zwischen Mann und Frau hingewiesen – die ökonomische Gleichstellung der beiden – an dem sich das Maß der Gleichberechtigung im folgenden immer wieder messen lassen wird.

Die Diskussionen um den Artikel zeigen nicht nur, daß die beteiligten Parteien des Parlamentarischen Rates versuchten, der damaligen gesellschaftlichen Situation der Frau gerecht zu werden, sondern auch die Schwierigkeiten der Umsetzung von politischen und gesellschaftlichen Konzepten in Gesetz.

So bejahten alle Parteien prinzipiell die Forderung nach Gleichberechtigung und sahen auch die Notwendigkeit des Gesetzgebers in diesem Sinne tätig zu werden. Bei der Vorstellung aber, wie Gleichberechtigung konkret zu verstehen und mit welchen Maßnahmen sie zu erreichen sei, blieben zwei Positionen bestehen, die zwar in Artikel 3 formal vereint werden konnten, bei der Frage nach der Umsetzung von Gleichberechtigung aber immer wieder hervortreten.

Frau *Dr. Selbert* hatte diese schon damals treffend formuliert:

„Es ist ein grundlegender Irrtum, bei der Gleichberechtigung von der Gleichheit auszugehen. Die Gleichberechtigung baut auf der Gleichwertigkeit auf, die die Andersartigkeit anerkennt. Mann und Frau sind nicht gleich. Ihre Besorgnis, daß Gleichstellung der Frau Gleichmacherei sei, ist daher gleichfalls unbegründet. Unsere Forderung auf diese Art Gleichberechtigung entspringt auch nicht familienrechtlichen Tendenzen (...). Nur in einer Synthese männlicher und weiblicher Eigenart sehe ich einen Fortschritt im Politischen, im Staatspolitischen, im Menschlichen überhaupt.

Wenn wir unter Anerkennung der Gleichwertigkeit der Frau zu dem weiteren Schritt, nämlich dem der Gleichberechtigung kommen, dann sollen eben alle Gesetze und Bestimmungen, die diesem Grundsatz der Gleichwertigkeit und Gleichberechtigung entgegenstehen, geändert und dem Grundgesetz eingeordnet werden.“[26]

Die beiden unterschiedlichen Ausgangpunkte für ein Verständnis von Gleichberechtigung zwischen Mann und Frau werden das Leben von Frauen weiterhin prägen. Während Vertreter der eher konservativen Position die Gleichberechtigung der Frau hauptsächlich auf die gleiche Anerkennung von Familienarbeit beziehen und damit die traditionelle Rollenverteilung nicht grundsätzlich in Frage stellen, wird in der progressiveren Position die Notwendigkeit erkannt, Frauen den Zugang zu allen beruflichen Möglichkeiten zu erschließen, bei zusätzlicher Umbewertung der Familienarbeit. Die Maßnahmen, um diese Ziele zu erreichen werden sich demzufolge klar unterscheiden, wie im folgenden zu zeigen ist.

---

26 PR, a.a.O., Frau Dr. Selbert, S. 538

2. Gleichheit und/oder Gleichberechtigung? – Offenlegung eines 'Fehlschlusses'

Wie die Diskussionen im Parlamentarischen Rat gezeigt haben, ist eine präzise Vorstellung von den Begriffen der Gleichheit und Gleichberechtigung notwendig, um mit den damit verbundenen Konzepten arbeiten zu können.

Verfolgt man die historische Entwicklung des Gleichheits- und des Gleichberechtigungsbegriffes, so läßt sich feststellen, daß beide Konzepte eng miteinander verbunden, und deshalb nicht unabhängig voneineinder zu betrachten sind. Erst die faktische Umsetzung des Gleichheitsbegriff, zugleich konkreter Rechtstitel und soziales Rechtspostulat, führt zu Gleichberechtigung. Deshalb läßt sich die Bedeutung von Gleichberechtigung nur unter Berücksichtigung des sie umgebenden politischen und kulturellen Rahmens, ebenso wie des entsprechenden historischen Kontextes klären.

Ausgangspunkt für Gleichberechtigung ist die Idee der Gleichheit. Der Gleichheitsbegriff hat sich in seiner jahrhundertelangen Entwicklung von einem inhaltlich komplexen, aber partikularen Gleichheitsbegriff ausgehend, immer mehr ausgedehnt und wurde zugleich formaler, bis er schließlich mit sozialem Inhalt gefüllt, zu einem „materiellen" Gleichheitsbegriff wurde. Im Hoch- und Spätmittelalter war Gleichheit der Ordnungsbegriff in einer ständisch gestuften und rechtlich wie politisch hierarchisierten Gesellschaftsform. Im 18. und 19. Jahrhundert stand er in einer „sozial" gestuften, aber rechtlich und tendenziell politisch egalisierten Gesellschaftsform – mit Gleichheit vor dem Gesetz. Im 20. Jahrhundert schließlich steht Gleichheit als Ordnungsbegriff in einer sozial tendenziell „nivellierten" und rechtlich und politisch egalisierten Gesellschaftsform, in der die „Gleichheit von Lebensverhältnissen" von Bedeutung ist.[27]

In der Moderne ist die Idee der Gleichheit eng verbunden mit dem Begriff der Gerechtigkeit, wobei Gerechtigkeit als das „Oberprinzip" angesehen werden kann. „Wenn wir Gerechtigkeit als Oberprinzip ansetzen, dann siedelt formal darunter Gleichheit als ein bestimmtes Prinzip distributiver Gerechtigkeit. Der Gegenbegriff zu Gleichheit ist nicht etwa Ungleichheit, sondern Differenz – ein anderes Verteilungsprinzip, das auf der Annahme aufbaut, daß Menschen legitimerweise verschiedene Ansprüche auf soziale Ressourcen anmelden."[28]

Die abendländische Gleichheitsdiskussion[29] läßt sich auf das *Aristotelische* Prinzip der „Gerechtigkeitsgleichheit" zurückführen. Diese Rechtsregel besagt, daß

---

27 Vgl. Weinacht, P.L.: Grenzen der Gleichheit, Grenzen des Konflikts, Hannover 1974, S. 13/14

28 Hochschild, Jennifer: What's fair?, Cambridge 1981, S. 46

29 Eine sehr ausführliche historische Analyse des Gleichheitsbegriffes bietet die Habilitationsschrift von Dann, Otto: Gleichheit und Gleichberechtigung. Das Gleichheitspostulat in der alteuropäischen Tradition und in Deutschland bis zum ausgehenden 19. Jahrhundert. Berlin 1980

Gleiches gleich, Verschiedenes aber seiner Eigenart gemäß verschieden behandelt werden kann. Unter dem Begriff der austeilenden Gerechtigkeit unterscheidet *Aristoteles* zwischen numerischer und proportionaler Gleichheit, wonach erstere besagt, daß jeder genau gleich behandelt werden soll, während zweitere eine unterschiedliche Behandlung auf Grund unterschiedlicher Verdienste einzelner Personen rechtfertigt.

Eine weitere wichtige Station in der politischen Verwendung des Gleichheitsbegriffes ist die Theorie *Rousseaus*, der die Gleichheitsfrage zu einem zentralen Punkt seiner politischen Theorie machte, und „diese weitgehend als eine Entwicklungsgeschichte des sozialen Gleichheitsproblems konzipiert."[30]

Die gegenwärtige Diskussion um Gleicheit bezieht sich größtenteils auf die, 1971 von dem Philosophen *John Rawls* veröffentlichte „Theory of Justice"[31]. Nicht individuelle Einstellungen und Verhaltensweisen, sondern gesellschaftliche, vor allem institutionelle Grundstrukturen dienen als Grundlage. Gerechtigkeit herrscht in dem Maße, in dem das allgemeine Regelsystem fair ausgehandelt wurde, wobei als Gerechtigkeit neben der Gewährung der Grundfreiheiten für alle, aber auch Ungleichheiten akzeptiert werden, wenn die Ungleichheiten mit einer fairen Chancengleichheit verbunden sind.

Juristisch betrachtet ist der Gleichheitsbegriff, ein „Verhältnisbegriff"[32], d.h. Gleichheit ist kein objektiver Tatbestand, sondern bezeichnet vielmehr Beziehungen zwischen Personen, Gegenständen oder Sachverhalten. Die Beziehungen bestehen aber nicht 'per se'. Sie werden erst durch den Vergleich, der eine Bewertung beinhaltet, geschaffen. Der Mensch bestimmt – oder fordert – was als gleich anzusehen ist. Daß es sich dabei nur um eine partielle und nicht um eine generelle Gleichheit zwischen dem zu Vergleichenden handeln kann, bedingt sich durch die Abgrenzung von Gleichheit gegenüber Identität[33], die eine völlige Gleichheit, z.B. zweier Gegenstände, beinhaltet.

Jede Forderung nach Gleichberechtigung wirft also die Frage auf, inwieweit die zu Vergleichenden in wichtigen Merkmalen als gleich oder aber als verschieden anzusehen sind. Die Art und Weise, in der verglichen wird, der „Vergleichsmaßstab" ist deshalb entscheidend für jede Aussage, die bezüglich Gleichheit gemacht wird.[34] Da aber partielle Gleichheit bei den Verglichenen auch eine partielle Ungleichheit impliziert und Ungleichheit, dem Aristotelischen Prinzip folgend, eine der entsprechenden Eigenart gemäße Ungleichbehandlung rechtfertigt, kommt dem angelegten Vergleichsmaßstab große Bedeutung zu. Damit hat der Gleichheitsbegriff aber zwei unterschiedliche Bedeutungen: er kann auf der einen Seite als de-

---

30 Dann, O., a.a.O. S. 134 und vgl. 134 ff

31 Rawls, John: Theory of Justice, dt.: Theorie der Gerechtigkeit, Frankfurt 1975

32 Dann, O., a.a.O., S. 16

33 Gegenüber „Ähnlichkeit", die nur eine annährende Übereinstimmung zwischen mehreren Objekten bezeichnet", bezeichnet Gleichheit „Übereinstimmung <...> in mindestens einem Merkmal". vgl., Dann, O., a.a.O., S. 17

34 Vgl. Dann, O., a.a.O., S. 18 f

finitorischer Begriff dienen ,der das Verhältnis der zu vergleichenden Parteien bestimmt, oder aber, er kann als soziales Rechtsprinzip verstanden, zum Symbol für den Anspruch auf eine soziale Veränderung werden, womit Gleichheit dann in emanzipatorischem Sinne verwandt wird.

Dies bedeutet im Falle der Gleichberechtigungsforderungen von Frauen, daß Frauen erst dann gleichberechtigt sind, wenn die Gleichheit von Mann und Frau – nicht zum Manne, da der Mensch und nicht der Mann das „Tertium comparationis“[35] ist – unter Berücksichtigung einer darin enthaltenen Ungleichheit anerkannt wird.

Die Gleichsetzung von 'Mann gleich Mensch' hatte bei einigen Abgeordneten im Parlamentarischen Rat zu dem Fehlschluß geführt, daß die Forderung nach Gleichheit auf eine „Gleichmacherei“ zwischen Männern und Frauen hinauslaufe, was es unter allen Umständen zu verhindern galt. Sie sahen dabei nur die Gleichheit, ohne dabei aber an die in jedem Fall auch beinhaltete Ungleichheit zu denken. Daß einem juristischen Laien – denn im Parlamentarischen Rat waren ja nicht ausschließlich Juristen vertreten – bei einem so komplizierten Sachverhalt ein derartiger Fehler unterläuft ist nachvollziehbar. Zumal 'gleich' und 'identisch' im allgemeinen Sprachgebrauch meist synonym gebraucht werden. Interessant ist aber, daß dieser Fehlschluß auch unter Rechtswissenschaftlern eine lange Tradition besitzt.

So zitiert *Gerhard* in ihrer Arbeit über Frauen im Recht einen Kommentar zum Grundgesetz: „Es ist daran festzuhalten, daß die Gleichberechtigung der Geschlechter über die Gleichwertigkeit der Geschlechter in Menschenwürde und Menschenrecht hinaus (die vom Grundgesetz 'zeitlos' gedacht ist) einen spezifisch historischen Ausgangspunkt hat: die Forderung der Frau auf Angleichung an die Mannesstellung.“[36]

Gerhard zeigt, daß „Angleichung“ zu keiner Zeit der „Spezifisch historische Ausgangspunkt“ der Frauenbestrebungen um Gleichberechtigung war“, und auch die gravierenden Folgen, die die Fehlleistungen der Juristen für die Rechtstellung von Frauen hatten und noch immer haben. Ihre zentrale Frage ist, „ob und wieweit das tradierte Konzept der Gleichheit überhaupt noch zur Formulierung der Ansprüche taugt, die Frauen heute oder die neue Frauenbewegung an die gegenwärtige Gesellschaft stellen.[37] Dabei kommt sie, nach einer historischen, rechtstheoretischen und soziologischen Analyse der Rechtslage von Frauen zu dem Schluß, daß erst die „Gleichheit in der Differenz“ das Menschenrecht von Freiheit und Gleicheit einlöse.[38]

---

35 „Tertium comporationis“ ist die juristische Bezeichnung für den Vergleichsmaßstab, an dem die Übereinstimmung gemessen wird, der aber nicht aus dem Vergleich selbst, als vielmehr aus einer dritten 'Außenperspektive' angelegt wird.

36 Maunz/Dürig u.a.:Grundgesetz Kommentar, 6. Aufl., München 1983, Art.3 II RNr.11, Hervorhebung im Orginal, zitiert nach: Gerhard, U.: Gleichheit ohne Angleichung. Frauen im Recht, München 1990

37 Gerhard, U., a.a.O., S. 19

38 Ebd., S. 204 ff

Ein Ergebnis, das über 50 Jahre zuvor der Ausgangspunkt von *Elisabeth Selbert* war, um für Artikel 3 GG einzutreten. Daß es ihr in ihrem Bestreben um Gleichberechtigung und nicht um eine „Angleichung an die Mannesstellung" ging, hat der Blick in die Entstehungsgeschichte des Artikels 3 GG deutlich gemacht.

Damit wird der Blick auf die zwei entscheidenden Hürden gerichtet, die Frauen in ihrem Kampf um Gleichberechtigung nehmen müssen.

Wie *Gerhard* anschaulich darstellte wird in dem tradierten Konzept von Gleichheit zwar eine 'natürliche' Freiheit und Gleichheit der Frau grundsätzlich angenommen, eine Unterordnung und Ungleichbehandlung dann aber durch die Institution der Ehe gerechtfertigt.[39] Noch heute, so *Reich-Hillweg*, verringert, die durch eine Grundrechtsnorm gesicherte, Institution[40] von Ehe und Familie den Gehalt der Gleichberechtigungsforderung von Frauen. Ihre Forderungen werden, so sie nicht mit Ehe und Familie vereinbar erscheinen, schon von juristischer Seite abgewiesen. Damit fehlen ihnen aber jegliche Grundlagen sie auf gesellschaftlicher Ebene zu verwirklichen zu suchen.

Das zweite große Hindernis verbirgt sich hinter dem Gleichheitsbegriff, das heißt hinter dem durch das 'tertium comparationis' bestimmte Maß von Gleichheit und Ungleichheit. Um dieses Maß als feste Bezugsgröße nutzen zu können, wäre es notwendig, Kriterien zur Dimension der Ungleichheit zwischen Männern und Frauen zu entwickeln. Die Soziologie der sozialen Ungleichheiten hat sich bisher zwar sehr eingehend in Klassen- und Schichtungstheorien mit der Frage der sozialen Ungleichheit beschäftigt, die Kategorie Geschlecht wurde aber bisher weitgehend vernachlässigt. Die Notwendigkeit einer Einführung dieser Kategorie wird inzwischen über die Frauenforschung[41] hinaus, gesehen. So fordert *Kreckel* eine „geschlechtssensibilisierte Soziologie"[42], da die bisherigen Klassen- und Schichttheorien bei den heutigen Gesellschaften in dieser Form nicht mehr greifen. Geht man ferner, wie *Ulrich Beck* von einer Theorie der Individualisierung der Gesellschaft aus, wonach „die Menschen aus den Sozialformen der industriellen Gesellschaft – Klasse, Schicht, Familie, Geschlechtslagen von Männern und Frauen freigesetzt werden"[43], so muß ein neuer Gradmesser für soziale Ungleichheiten gefunden werden, unabhängig von den tradierten und überkommenen Kategorien und „wir müssen uns primär auf die Ungleichheit der Lebenschancen von Individuen beziehen, von Männern und Frauen, Kindern und Greisen ohne Unterschied."[44]

---

39 Ebd., S. 30 ff

40 In ihrer Analyse des Institutsbegriffes arbeitet sie heraus, daß Institutionen eine Eigendynamik entwicklen und damit vom Individuum als natürlich betrachtet, nicht mehr hinterfragt werden. Vgl., Reich-Hillweg, I., a.a.O., S. 72

41 Vgl. Beer, U. (Hrsg.): Klasse Geschlecht. Feministische Gesellschaftsanalyse und Wissenschaftskritik, Bielefeld 1989.

42 Kreckel,R., 1989, S. 309

43 Beck, U.: Risikogesellschaft. Auf dem Weg in eine andere Moderne, Frankfurt 1986

44 Kreckel, R., a.a.O., S. 316

Unter dem Aspekt, wie die Kriterien einer derartigen Theorie auszusehen hätten, diskutiert *Lautmann* mehrere Ansätze, die das Schicht/Klassen Modell auf das Geschlechterverhältnis übertragen. Dabei kommt er zu dem Schluß, daß „die sehr verwickelte Frage, wie soziale Klassen- und Geschlechter-Disparität sozialtheoretisch aufeinander zu beziehen seien, steht allerdings weit davor geklärt oder gar gelöst zu sein".[45] Damit können aber Versuche, Frauen als Klasse einzuordnen, in der sozialwissenschaftlichen Diskussion nicht akzeptiert werden. Denn die Frage der unbezahlten Familienarbeit[46] bleibt darin ungeklärt.

Ferner brechen die traditionellen Geschlechtsbeziehungen in dem Maße auseinander, wie die männliche „Normalbiographie" auch den weiblichen Lebenszusammenhang – bedingt durch die zunehmende Erwerbsarbeit von Frauen – bestimmt, ohne daß aber die traditionelle weibliche Normalbiographie vollständig verdrängt wird. Und so läßt sich folgern, daß im gleichen Maße die geschlechtsspezifischen Ungleichheiten öffentlich sichtbar werden. Solange die Bewältigung der damit verbundenen Konflikte allerdings noch weitgehend im privaten Bereich erfolgte[47], war das politische System nicht gefordert. Mit der 'Politisierung des Privaten' durch die Frauenbewegung, und dem immer stärker werdenden 'Selbstbewußtsein' der Frauen werden Geschlechtsdisparitäten verstärkt zum Gegenstand politischer Interventionen.

Zu dem Problem der fehlenden Definition von Ungleichheit als sozialer Kategorie treten in jüngster Zeit wieder vermehrt Bestrebungen, weniger die Gleichheit von Mann und Frau, als vielmehr deren Ungleichheit zu betonen.

Die schon im Zusammenhang mit Artikel 3 GG und der Klärung des Gleichheitsbegriffes erörterte Frage von Differenz und Gleichheit hat, durch die Entwicklung einer Theorie der Geschlechterdifferenz in jüngerer Zeit große Bedeutung erlangt.[48]

Denn damit verbunden wurden nicht nur eine Reihe der unterschiedlichsten Ansätze wieder in die Diskussion um die Gleichberechtigung von Mann und Frau gebracht, sondern auch viele Gruppen in ihrer Arbeit für Gleichberechtigung in verschiedene Lager gespalten.

---

45 Lautmann, R.: Die Gleichheit der Geschlechter und die Wirklichkeit des Rechts, Opladen 1990, S. 83

46 Vgl. z.B. Kickbusch, I.: Thesen zur feministischen Sozialpolitikanalyse. in: Matthes, J. (Hrsg): Lebenswelt und soziale Probleme, Frankfurt 1981, S. 414

47 Beck, U., a.a.O., S. 179 ff

48 Einen guten Überblick über die gegenwärtige Diskussion gibt eine Sammlung von Beiträgen unter dem Titel „Differenz und Gleichheit. Menschrechte haben (k)ein Geschlecht", Hrsg.: Gerhard, U., Jansen, M., Malhofer, A., Schmid, P., Schultz, I., Frankfurt 1990, die gleichzeitig eine Dokumentation des internationalen Frauenkongresses 1989 in Frankfurt unter dem Titel „Menschrechte haben (k)ein Geschlecht. 200 Jahre Aufklärung – 200 Jahre Französische Revolution" ist.

Konservative, die Frau auf ihre traditionelle Rolle zuweisenden Positionen[49] betonen die Differenz der Geschlechter ebenso, wie der Rückzug von Feministinnen in die „Neue Mütterlichkeit“[50], oder auch radikale, zwei Gesellschaften fordernde Ansätze.

Auf die unterschiedlichen Ansätze kann und soll an dieser Stelle nicht im Einzelnen eingegangen werden.

Von Bedeutung für die der Arbeit zugrundeliegende Fragestellung ist der Ansatz der Philosphinnengruppe *Diotima*[51]. Sie gehen in ihrer Theorie der Geschlechterdifferenz von einer Ist-Analyse der emanzipatorischen Politik der Gleichheit aus. Die Feststellung der Diskrepanz zwischen formaler und tatsächlicher Gleichberechtigung, wie sie in vielen Ländern zu beobachten ist, führt sie zu dem Schluß, daß eine von Gleichheit ausgehende Politik nicht greifen kann, solange sich der Mann als Ausgangspunkt der Gleichheit versteht, es also eher um eine „Angleichung“ als um „Gleichheit“ geht. Die Politik der Geschlechterdifferenz entstand in Italien folglich als eine Forderung nach einer Autonomie der Subjektivität der Frauen. Grundlegend ist nicht die Befreiung der Frau aus der Abhängigkeit vom Mann, sondern vielmehr die Entwicklung einer „weiblichen Freiheit“, ausgehend vom positiven Wert des eigenen Geschlechts. Es wird grundsätzlich von der Tatsache ausgegangen, daß es zwei Geschlechter gibt, und keines der beiden alleine den Menschen repräsentiert. Beide Geschlechter sind parteilich und sollten sich dieser Parteilichkeit auch bewußt sein oder sich derer bewußt machen. Damit hat aber auch keines der beiden das Recht zu entscheiden, welches die natürlichen Merkmale des anderen Geschlechtes sind und die Ableitung, einer als objektiv behaupteten herrschenden Position auf Grund bestimmter Merkmale ist ebenso hinfällig.[52]

Die Anerkennung der Differenz der Geschlechter ohne eine Bewertung dieser Differenz führt schließlich zu einem Gesellschaftsmodell, in dem Mann und Frau als verschieden, aber gleichberechtigt zusammenleben.

Die Vorstellung der Gleichberechtigung von Mann und Frau bleibt damit eine sehr komplexe Frage.

Nachdem es bisher keine endgültige Übereinkunft darüber gibt, mit welchen Kriterien der Grad der Gleichberechtigung bzw. Ungleichheit zwischen beiden Geschlechtern gemessen werden soll, und außerdem mit dem Begriff der Gleichbe-

---

49 Beispielhaft: Erler, G.: Frauenzimmer. Für eine Politik des Unterschieds, Berlin, 1985

50 Danach werden, die den Frauen traditionell zugesprochenen Eigenschaften wie Affekt, Empathie, Friedfertigkeit etc. als Geschlechtsidentität anerkannt und die „Autonomie der Frauen“ besteht lediglich darin, die schon zugeschriebenen Eigenschaften aufzuwerten, sich aber gleichzeitig vollständig auf sie zurückzuziehen.

51 Die Philosophinnengruppe Diotima, deren Vertreterinnen an der Universität Verona lehren, haben die erste ausführliche Theorie einer Geschlechterdifferenz erarbeitet, die im Gegensatz zu konservativen Theorien keine Biologismen, sondern die bestehende gesellschaftliche und soziale Situation der Geschlechter als Ausgangspunkt hat.

52 Vgl. Cavarero, A.: Ansätze zu einer Theorie der Geschlechterdifferenz, in: diess.: Der Mensch ist zwei, Wien 1989, S. 65-102

rechtigung operiert wird, ohne daß Einigung über das dahinter stehende Konzept von Gleichheit besteht, bleiben viele Bestrebungen um Gleichberechtigung 'halbherzig', und Frauen werden in entscheidenden Bereichen der Gesellschaft trotz aller Gleichberechtigungsmaßnahmen weiterhin auf vielfältige, oft sehr subtile Weise diskriminiert.

3. Gleichstellungsbegriff, Gleichstellungsvorstellungen und Gleichstellungsstrategien

Der Diskurs um die Gleichberechtigung der Geschlechter hat seit Beginn der 80er Jahre eine begriffliche Veränderung erfahren. Während noch in den 70er Jahren durch „Frauenpolitik" versucht wurde Artikel 3 GG umzusetzen, wird nun fast ausschließlich „Gleichstellungspolitik" betrieben.

Da in der Begrifflichkeit das Geschlechterverhältnis nicht mehr ausdrücklich benannt wird, ist die Befürchtung einer „Entweiblichung" des Diskurses nicht von der Hand zu weisen.[53] Klagen von Männern, die im Namen der Gleichstellung gegen Frauenförderungsmaßmahmen vor Gericht ziehen, deuten in diese Richtung.[54]

Denn unter Gleichstellung lassen sich die unterschiedlichsten Vorstellungen und Strategien subsummieren.

So wurden auf der Grundlage frauenpolitischer Diskussionen, fünf mit Gleichstellung verbundene Konzepte herausgearbeitet.[55]

Diese Konzepte und ihre Beziehungen untereinander sind unter Berücksichtigung der vorangegangenen Unterscheidung von Gleichberechtigung und Gleichheit, genauer zu untersuchen.

Nach dem unter „Gleichstellung als Gleichbewertung des Andersseins"[56] zusammengefaßten Konzept, wird die traditionelle geschlechtsspezifische Arbeitsteilung grundsätzlich akzeptiert. Ein wichtiges Moment ist dabei die „Wahlfreiheit" von Frauen, sich gegen Beruf und für die Familie zu entscheiden. Als Strategien zur Umsetzung dieses Konzeptes lassen sich neben der „einfachen" gesellschaftlichen

53 Eine Bestätigung dieser These – wie sie von K. Kröning in einem Seminar über Gleichstellungsinstitutionen im SS 90 an der Uni Heidelberg vertreten wurde – läßt sich im Aufgabenbereich der Gleichstellungsbeauftragten in den neuen Bundesländern feststellen, die neben Frauen auch „andere Randgruppen", wie Ausländer und Behinderte, betreuen.

54 Auf diese Fälle wird im Zusammnhang mit dem Frauenförderungsgesetz in NRW noch eingegangen.

55 Corneließen, Waltraud: Gleichheitsvorstellungen in Gleichstellungskonzepten, Institut Frau und Gesellschaft, 8, 1988

56 Ebd., S. 2 f

Aufwertung von Hausarbeit, die radikalere Forderung nach Lohn für Hausarbeit nennen.

Das zweite Konzept „Gleichstellung als Gleichbehandlung“ geht nach *Cornelißen* von einem „traditionellen Verständis“[57] von Gleichbehandlung aus, wonach „dem Gleichheitsgebot im Grundgesetz mit den *gegebenen* (Nota C.L.) juristischen Möglichkeiten gegen Diskriminierung im Einzelfall vorzugehen genüge getan wäre.“[58] Dieses juristisch angelegte Konzept abstrahiert von Lebensbedingungen und sozialen Lagen, und reduziert Gleichberechtigungsforderungen damit auf die unmittelbare Diskriminierung, berücksichtigt die mittelbare nicht, welche aber inzwischen, auch dank des Benda-Gutachtens[59] allgemein anerkannt wird. Unter unmittelbarer Diskriminierung wird die benachteiligende Behandlung einer Person auf Grund ihres Geschlechts verstanden, während mittelbare Diskriminierung dann als gegeben angesehen wird, wenn eine Maßnahme zwar nicht direkt ein Geschlecht diskriminiert, die Angehörigen eines Geschlechtes aber denoch benachteiligt werden.[60]

Die Trennung der beiden nachfolgenden Konzepte „Gleichstellung als Chancengleichheit“ und „Gleichstellung als Partizipation von Männern und Frauen in allen Lebenbereichen“ scheint auf Grund des komplexen Zusammenhangs beider Konzepte nicht sinnvoll.

So bemerkt *Cornelißen* richtig: „Chancengleichheit ist ein Merkmal des Prozesses, in dem Positionen zugewiesen werden. Gleiche Partizipation ist ein mögliches Ergebnis dieses Prozesses.“[61] Chancengleichheit zielt im Gegensatz zum vorangegangenen Konzept nicht nur auf das Verbot unmittelbarer Diskriminierung, sondern auch auf die Abschaffung und Kompensation von mittelbarer Diskriminierung. Das heißt, daß Zugangsmöglichkeiten zur Erwerbsarbeit für Frauen einerseits erleichtert, dabei aber auch flankierende Maßnahmen wie der Ausbau von Teilzeitarbeitsplätzen oder Kinderbetreuungsplätze geschaffen werden. Die bessere Vereinbarkeit von Familie und Beruf[62] kann aber auch durch allgemeine Arbeitszeitver-

---

57 Sie erklärt allerdings nicht, was sie unter dem traditionellen Verständnis verstanden wissen will.

58 Ebd., S.4

59 Benda, Ernst: Notwendigkeit und Möglichkeit positiver Aktionen zugunsten von Frauen im öffentlichen Dienst. Gutachten im Auftrag der Leitstelle Gleichstellung der Frau Hamburg, Hamburg 1986

60 Die Altersgrenze bei Einstellungen im öffentlichen Dienst, z.B. diskriminiert Frauen, die diese durch die Erziehung von Kindern entschieden öfter überschreiten als Männer. Zu dem komplexen Problem der mittelbaren Diskriminierung vgl. Pfarr, H./Bertelsmann, K.: Gleichbehandlungsgesetz. Zum Verbot der unmittelbaren und der mittelbaren Diskriminierung vonm Frauen im Erwerbsleben. Hrsg.: Hessendienst der Staatskanzlei in Zusammenarbeit mit der Zentralstelle für Frauenfragen beim Hessischen Ministerpräsidenten, Kassel 1985, S. 36 ff

61 Cornelißen, W., a.a.O. S. 6

62 Vgl. Beck-Gernsheim, E/Ostner, I.: Frauen verändern – Berufe nicht? in: Soziale Welt, Heft 29, 1978, S. 257-287

kürzung oder durch die Schaffung eines neuen, veränderten Rollenverhältnisses oder gar dessen Aufhebung gewährleistet werden.

Mit der Betrachtung dieser Strategien zur Verwirklichung der Chancengleichheit ist schließlich schon die „Gleichstellung als gleiche Partizipation von Männern und Frauen in allen Lebensbereichen“ angesprochen, in der die „Asymmetrie des Gleichstellungskonzeptes formal aufgehoben ist.“[63]

Formal nur deshalb, weil das Konzept zwar den Zugang beider Geschlechter, sowohl zur Erwerbs-, als auch zur Familienarbeit vorsieht, die Praxis aber zeigt, daß auf Grund der Minderbewertung des familiären Bereichs, das Interesse der Männer daran zu partizipieren eher gering ist.[64]

Damit ist dieses Konzept aber nur über die Herstellung einer Chancengleichheit zu erreichen, kann also als darauf aufbauend betrachtet werden.

Daß die Zielvorstellung der Chancengleichheit auch unabhängig von diesem „Folgekonzept“ vertreten wird, steht dazu in keinem Widerspruch.

Ebensowenig soll die Gefahr der „Operationalisierung der Chancengleichheit als gleiche Partizipation“[65] geleugnet werden. Eine Schwierigkeit auf die im Zusammenhang mit den unterschiedlichen Quotenregelungen noch eingegangen wird.

Dem Konzept der „Gleichstellung als gleiche Partizipation von Männern und Frauen in allen Lebensbereichen“ liegen neben einer verwirklichten Chancengleichheit[66], auch veränderte Wertmaßstäbe, bei der Beurteilung von Erwerbs- und Familienarbeit, ebenso wie die Auflösung tradierter Rollenverhalten zugrunde.

Das letzte Konzept schließlich, der „Gleichstellung als gleiche Partizipation der Geschlechter in allen Lebensbereichen bei gleichzeitiger Durchsetzung ‘femininer’ Werte“[67] geht über das vorangegangene Konzept insofern hinaus, als es nicht nur um die Partizipation von Frauen in allen Bereichen geht, sondern darum, die dort bestehenden Verfahren und Normen, die von Männern geschaffen wurden, zu verändern.

Sie bezieht sich auf den feministischen Ansatz, daß Frauen auf Grund ihrer geschlechtspezifischen Sozialisation bestimmte Werte entwickelt haben, die es ihnen einerseits erschweren in der bestehenden Gesellschaftsordnung einen wichtigen Platz einzunehmen, eine Einbeziehung aber gerade dieser Werte die Gesellschaft

---

63 Cornelißen, W., a.a.O., S. 6

64 Eine Untersuchung über geteilte Elternschaft zeigte, daß mehr als die Hälfte der befragten Männer bezüglich der von ihnen praktizierten Arbeitsteilung in der Partnerschaft eine sehr ambivalente Haltung einnehmen, während sie von den Frauen, trotz Durchführungsproblemen, durchweg positiv gesehen wird.(vgl. Busch, G. u.a.: Den Männern die Hälfte der Familie, den Frauen mehr Chancen im Beruf, Weinheim 1988

65 Cornelißen, W.: a.a.O., S. 6

66 Auf die feministische Diskussion, inwieweit sich Frauen überhaupt auf einen Wettbewerb mit Männern einlassen sollen, in dem jene auch die Kriterien bestimmt haben, kann im Rahmen dieser Arbeit nicht eingegangen werden.

67 Cornelißen, W., a.a.O., S. 8

'menschlicher'[68] machen könnte. Deshalb wird eine Einbeziehung beider Geschlechter in Berufs- und Familienarbeit und damit eine Auflösung der Rollen gefordert.

Die fünf Konzepte unterscheiden sich sowohl in ihren Ausgangsannahmen, als auch in Bezug auf die damit verbundenen Zielvorstellungen.

So wird sowohl im zuerst als auch im zuletzt beschriebenen Konzept grundsätzlich von einer wie auch immer gearteten Differenz der Geschlechter ausgegangen. Doch während im ersten Konzept damit eine Beibehaltung der traditionellen Rollenverteilung gerechtfertigt wird, resultieren aus dem letzten genau gegenteilige politische Forderungen, nämlich nach einer vollkommenen Auflösung der bestehenden Rollenverhältnisse.

Im zweiten Konzept ist nicht die Annahme von Differenz sondern Gleichheit der Geschlechter der Ausgangspunkt. Dabei wird aber der Gleichheitsgedanke nur auf das Moment der juristischen Gleichheit ohne Einbeziehung der sozialen Wirklichkeit zugrundegelegt, weshalb die Notwendigkeit einer grundlegenden Veränderung im Geschlechterverhältnis nicht gesehen wird. Das dritte Konzept wird, ausgehend von einer konstatierten Chancenungleichheit zwischen Mann und Frau, die Beseitigung derselben angestrebt, wobei das vierte darüber hinaus auch die Auflösung der tradierten Rollenzuweisung von Mann und Frau anstrebt.

Ist von Gleichstellungspolitik die Rede, sind deshalb die zugrundeliegenden Vorstellungen von Gleichheit ebenso heranzuziehen, wie die sich darauf aufbauenden Konzepte zur Verwirklichung der Gleichstellung von Mann und Frau.

Denn solange zwar alle von Gleichberechtigung sprechen, damit aber die unterschiedlichsten Vorstellungen und Erwartungen verbunden sind, wird 'Gleichberechtigungspolitik' immer Einzelne enttäuschen müssen.

Deshalb ist im Falle jeder Maßnahme, die beansprucht ein Schritt zur Verwirklichung der Gleichberechtigung zwischen Mann und Frau zu sein, das hinter der Gleichberechtigung stehende Konzept als Meßlatte für die Effektivität oder Unwirksamkeit der jeweiligen Bestrebung anzulegen.

Den Forderungen der „Mütter des Grundgesetzes“ kommt das vierte Konzept, der „Gleichstellung als gleiche Partizipation von Männern und Frauen in allen Lebensbereichen“ am stärksten entgegen.

Denn, wie erörtert, ist für seine Umsetzung eine Chancengleichheit notwendig, die Frauen die Partizipation in allen Bereichen ermöglicht. Daß sich, durch die große zahlenmäßige Beteiligung von Frauen dann auch die dort bestehenden, von Männern geschaffenen, Verfahren und Normen verändern steht außer Zweifel. Schon jetzt zeigen Studien über Frauen in Führungspostionen, daß deren Führungsstil ein anderer ist als der von Männern. Die Betonung der „Durchsetzung femininer Werte“, wie es im fünften Konzept gefordert wird, scheint deshalb nicht

68 Vgl. dazu: Pfarr, H.: Die heimliche Hoffnung auf die Frauen. in: Brandt, W., Gollwitzer, H., Henschel, J.F. (Hrsg): Ein Richter, ein Bürger, ein Christ. Festschrift für Helmut Simon, Baden-Baden, 1987

nur nicht notwendig, sondern vielmehr schädlich, da es nur die tradierte Höherbewertung „männlicher“ gegenüber „weiblicher“ Werte umkehrt und damit keine befriedigende Lösung für eine tatsächliche Gleichstellung der Geschlechter sein kann.

III. Umsetzung und Weiterführung von Art. 3 GG durch Legislative und Exekutive

Nachdem mit Art. 3 GG die Gleichberechtigung der Frau erstmalig in der Geschichte der Bundesrepublik als Teil der Verfassung zu einer unmittelbar geltenden Rechtsnorm geworden war,[1] waren und sind die politischen Parteien aufgerufen diese Rechtsnorm umzusetzen.

Während heute die formale, juristische Gleichberechtigung als weitgehend erreicht angesehen werden kann, sind noch viele Schritte notwendig, bis diese Rechtsnorm auch im Alltag von Männern und Frauen als umgesetzt angesehen werden kann.

1. Stationen in der Gesetzgebung

Den Mitgliedern des Parlamentarischen Rates war es durchaus bewußt, daß durch den 'Gleichberechtigungsartikel' eine Reihe von Gesetzen auf ihre Verfassungsmäßigkeit hin zu überprüfen seien, und viele Gesetzesänderungen nach sich ziehen würden. Deshalb wurde dem Gesetzgeber eine Anpassungsfrist für alle, dem Art. 3 Abs. 2 entgegenstehenden Rechtsgrundsätze eingeräumt, die aber verstrich, ohne daß eine grundlegende Reform verabschiedet worden war.[2]

Für die, nur in langsamen und zögernden Schritten vorgenomme Umsetzung des Artikels in herrschendes Recht lassen sich mehrer Gründe benennen.

1 In Art. 109 der Weimarer Verfassung war der Gleichberechtigungsgrundsatz noch eingeschränkt durch Formulierungen wie „grundsätzlich"

2 Obgleich die Übergangsfrist die der Parlamentarische Rat dem Gesetzgeber eingeräumt hatte am 31. März 1953 abgelaufen war. Vgl. dazu Fußnote 22 in Kapitel II

So ist eine „innen und außenpolitische Orientierungssuche der neuen Republik[3] sicherlich ein wichtiges Moment bei der Veränderung und Schaffung von Gesetzen in der damaligen Zeit. Von Bedeutung ist aber ebenso „das männliche Übergewicht in den gesetzgebenden Körperschaften“[4] und deren „zähes Festhalten an überkommenen Ordnungsvorstellungen“[5].

Denn dadurch bedingt treffen bei jeder Diskussion um die Schaffung eines Gesetzestextes, die zwei Vorstellungen von Gleichberechtigung aufeinander, die schon die Formulierung von Artikel 3 GG so schwierig und langwierig gestaltet hatten[6], und die bei der Umsetzung von Gleichberechtigungsforderungen von Frauen bis in die Gegenwart hinein hemmend und erschwerend wirken.

Anhand der historischen und politischen Diskussion einiger „Meilensteine“ in der Gesetzgebung zur Gleichberechtigung lassen sich die Konflikte um die Durchsetzung von Artikel 3 GG exemplarisch darstellen.[7]

Die Analyse verdeutlicht ferner, wo das Gleichberechtigungsgesetz tatsächlich verwirklicht wurde, oder aber wo erst von einer Annäherung gesprochen werden kann.

Die erste grundlegende Reform des Ehe- und Familienrechts wurde 1957 mit dem *Gleichberechtigungsgesetz* vollzogen, für dessen Verabschiedung zwei Legislaturperioden benötigt worden sind, und das dennoch weit hinter dem Anspruch des Art. 3 GG zurückblieb.

So wurde zwar der sogenannte „Gehorsamsparagraph“[8] gestrichen, gleichzeitig aber der väterliche Stichentscheid[9] bis zu einer Entscheidung des Bundesverfassungsgerichtes (BVerfG) im Jahre 1959 beibehalten. Auch wurden den Gleichberechtigungsforderungen der Frau, „ihre selbstverständlichen und natürlichen Grenzen gesetzt“[10], die sich aus der Bewertung von Ehe und Familie ergeben. Nach *Reich-Hilweg* wurden über die Erhöhung von Ehe und Familie zu Institutionen[11], Normen 'sui generis' geschaffen, die eine langsame aber stetige Reduzierung des Inhaltes des Gleichberechtigungsgebots zur Folge hätten. Da das BVerfG in den ersten zwei Jahrzehnten seiner Rechtssprechung zudem von der „biolo-

---

3 Meyer, B.: Frauenpolitiken und Frauenleitbilder der Parteien in der Bundesrepublik, S.17, in: Aus Politik und Zeitgeschichte, Beilage zur Wochenzeitschrift Das Parlament, v. 17.08.90

4 Rupp-Brünneck v., W,: Verfassung und Verantwortung, Gesammelte Schriften und Sondervoten, Hrsg. Schneider, H.P., Baden-Baden, 1983, S. 267 zitiert nach: Böttger, B., a.a.O., S. 238

5 Koreferat von Prof. Dr. E. Ulmer, in: Verhandlungen des achtundreißigsten Deutschen Juristentages, a.a.O., S.B 37, zitiert in Böttger, B. a.a.O., S. 240

6 Ebd. S. 249

7 Meyer, B., a.a.O., S. 17-22

8 Damit wird Paragraph 1354 BGB bezeichnet, der dem Ehemann das Entscheidungsrecht „in allen das gemeinschaftliche eheliche Leben betreffenden Angelegenheiten“ einräumte und die Handlungs- und Geschäftsfähigkeit der Frauen einschränkte.

9 Danach hatte der Vater in allen Fragen der Erziehung das letzte Entscheidungsrecht.

10 Union in Deutschland, Informationsdienst. Nr. 96, vom 3. Dez. 1952, S. 2, zitiert nach: Meyer, B., a.a.O., S. 17

11 Vgl. dazu Reich-Hilweg, a.a.O., S. 55-69

gischen Eigenart" in Bezug auf die Geschlechtsrollenstereotype ausgegangen sei, habe es diese Dichotomie erneut bestätigt und paralysiere damit die Möglichkeit einer tatsächlichen Gleichbehandlung der Geschlechter.[12]

Zu der Festschreibung der herrschenden Rollenverteilung zwischen den Geschlechtern und der daraus folgenden Arbeitsteilung, kam im Verlauf der Diskussionen um das Gesetz noch eine weitere zentrale die Gleichberechtigung betreffende Frage, die Frage nach der Lohngleichheit.

Ein, von der KPD eingebrachter Antrag, der das Lohngleichheitsgebot enthielt, wurde nach anfänglichen Diskussionen an den Ausschuß für Rechtswesen und Verfassungsrecht übergeben, und verschwand damit aus der parlamentarischen Diskussion[13]. So war der Rahmen gesteckt, in dem Gleichberechtigung rechtlich verwirklicht werden sollte. Gleichberechtigung, wie sie verstanden wurde, betraf primär die verheiratete, nicht erwerbstätige Frau, die unverheiratete und die erwerbstätige Frau wurden nicht berücksichtigt.

Damit wurde eine grundsätzliche Infragestellung und mögliche Veränderung der Geschlechterrollen aber verhindert.

Das Nichtehelichenrecht von 1969/70 stellt eine wichtige Etappe in der Gesetzgebung der Gleichberechtigung dar, da damit – dem gesellschaftlichen Wandel folgend – ein verändertes Frauenbild auch in Gesetz und Politik seinen Niederschlag fand.

Das bis dato rechtlose uneheliche Kind gilt seitdem als mit dem Vater verwandt und ist demzufolge auch unterhalts- und, wenn auch eingeschränkt, erbberechtigt.[14] Auch konnte, trotz des Widerstandes von CDU/CSU und Teilen der FDP, schließlich die ledige Mutter in ihren Rechten über das Kind gestärkt werden. Ihr steht grundsätzlich die elterliche Sorge zu, die in der Regel aber durch eine Amtspflegschaft[15] beschränkt wird. Doch hat die ledige Mutter nicht die Entscheidungsfreiheit, das Sorgerecht mit dem Vater des Kindes zu teilen. Auch hat der Vater keinerlei Rechte auf das Kind. Eine Problematik, die in den letzten Jahren, durch die Auflösung der traditionellen Familienstrukturen und die Zunahme von Alleinerziehenden immer größere Bedeutung erlangt. Der gesellschaftliche Wandel, mit den neuen Formen von ehelichen und nichtehelichen Lebensgemeinschaften bleibt in der Familienpolitik vollkommen unberücksichtigt.[16]

Veränderte gesellschaftliche und politische Rahmenbedingungen bildeten die Grundlage für *die Reform des Ehe- und Familienrechts von 1976*. Eine steigende Erwerbsquote von verheirateten Frauen und wachsende Scheidungszahlen gaben Hinweise auf ein sich veränderndes Selbstverständnis bei den Frauen. Die Frauen-

12 Ebd. S. 39-48

13 Dazu ausführlich ebd., S. 30-32

14 Zu den kontroversen Meinungen der Parteien zu diesem Thema , vgl. Meyer, B., a.a.O., S. 19

15 Diese umfaßt aber nur begrenzte Aufgaben, wie z.B. die Feststellung der Vaterschaft und die Geltendmachung der darauf aufbauenden Ansprüche (Unterhalt, Erbe etc.) und kann auf Antrag der Mutter aufgehoben werden.

16 Vgl. Meyer, B., a.a.O., S. 20

bewegung, die seit Beginn der siebziger Jahre verstärkt in die Öffentlichkeit ging, hatte ihren Teil dazu beigetragen, indem sie alltägliche Diskriminierungsstrukturen aufdeckte und benannte. So waren, vor allem jüngere Frauen, immer weniger bereit, sich auf die unbezahlte Hausfrauen und Mutterrolle reduzieren zu lassen.

Diese tiefgreifenden Veränderungen innerhalb der Gesellschaft zwangen Regierung und Parlament zum Handeln. Mit der *Reform des Ehe- und Familienrechts* wurde eines der umstrittensten frauenpolitischen Gesetze der Nachkriegszeit[17] geschaffen, da die zwei unterschiedlichen Frauen- und Familienbilder der Parteien wieder einmal hart aufeinanderprallten.

Die wichtigste Neuerung in Richtung Gleichberechtigung ist die Abkehr von dem rechtlich fixierten Leitbild der „Hausfrauenehe“, hin zu der Vorstellung einer „Partnerschaftsehe“. Danach ist die Führung des Haushaltes in gegenseitigem Einvernehmen zu regeln, eine Rollenverteilung wird nicht mehr vorgenommen. Doch wird die geschlechtsneutrale Formulierung in der Erläuterung zum Gesetzestext wieder eingeschränkt, derzufolge „die Ehefrau in verstärktem Maße auf die Belange der Familie Rücksicht zu nehmen hat, wenn Kinder zu pflegen oder zu erziehen sind“ und deshalb „erscheint die Hausfrauenehe für bestimmte Ehephasen in besonderer Weise ehegerecht“[18]. Die Familienpolitik orientierte sich damit an dem Drei-Phasen-Modell von *Myrdal/Klein*[19], in der Berufs-, Haus- und Erziehungsarbeit zeitlich aufeinanderfolgend gelebt werden können. Es wurde weder berücksichtigt, daß ein Wiedereinstieg in qualifizierte Berufe, gerade für ältere Frauen schwierig ist, noch wurde der Mann aktiv in die Familienarbeit mit einbezogen. Damit wurde aber bei dem Versuch eine gleichberechtigte, partnerschaftliche Ehe zu verwirklichen, auf halbem Wege stehengeblieben.

Ähnlich auch bei der Änderung des Namensrechtes. Zwar kann grundsätzlich der Geburtsname des Mannes oder der Frau zum Familiennamen bestimmt werden, oder einer der beiden Ehepartner einen Doppelnamen führen, können sich die Partner aber für keine der angegebenen Möglichkeiten entscheiden, wird per Gesetz der Name des Mannes als Familienname angenommen.[20]

Die eigentliche Bedeutung der Reform des Ehe- und Familienrechts liegt deshalb zweifelsohne in der Änderung des Scheidungsrechtes, in dem die Regierungskoalition von SPD/FDP ihre Vorstellungen hatte durchsetzen können, nachdem CDU/CSU und SPD/FDP die Stellung der Frau in der Ehe betreffend unterschiedliche Ausgangspunkte vertreten hatten.

---

17 1979 lagen dem BuVerfG 80 Verfassungsbeschwerden und 170 Richterentscheidungen vor, anhand derer die Verfassungsmäßigkeit des Gesetzes geprüft werden mußte. vgl. Langer-El Sayed. I.: Familienpolitik: Tendenzen, Chancen, Notwendigkeiten, Frankfurt 1980, S. 221

18 Bundestagsdrucksache 7/650, S.98

19 Myrdal/Klein: Die Doppelrolle der Frau in Familie und Beruf, Köln 1962

20 Der Klage einer Ehefrau gegen dieses geltende Recht wurde laut BVerfG-Beschluß vom 5.3.1991 stattgegeben, sodaß gegenwärtig beide Partner in der Ehe ihre Geburtsnamen beibehalten, falls sie sich auf keinen gemeinsamen Namen einigen können.

Während die SPD die persönlichen Bedürfnisse der Familienmitglieder zu berücksichtigen suchte, – und damit klar für eine Partnerschaftsehe votierte – sah die CDU/CSU die Ehe als eine Institution, der sich die Individuen unterzuordnen haben und befürwortete damit die Beibehaltung der Versorgungsehe.[21]

Durch die Einführung des „Zerrüttungsprinzips", das das „Schuldprinzip" ablöste, wird von einer Eigenverantwortlichkeit der Ehepartner ausgegangen, in der diese ihre Ehe frei gestalten und auch auflösen können. Weiter wird mit dem Anspruch auf Versorgungsausgleich[22], die von Frauen geleistete Haus- und Familienarbeit in Form von Unterhalts- und Rentenansprüchen – und damit eine Gleichwertigkeit von Erwerbstätigkeit und Haushaltsführung – anerkannt.

Die drei Reformen zeigen einerseits die Umsetzung eines gesellschaftlichen Modernisierungsprozesses in Recht, andererseits aber auch das Festhalten an tradierten Vorstellungen über die Rolle der Frau, mit einer Reduzierung der Frau zur Ehefrau und Mutter.

So wurde zwar teilweise einem sich wandelnden Rollenbild der Frau durch eine veränderte Gesetzgebung Rechnung getragen, eine vollkommene Auflösung der Rollenaufteilung zwischen den Geschlechtern aber dadurch verhindert, daß keine Maßnahmen geschaffen wurden, um faktisch bestehende Ungleichheiten, vor allem auf dem Arbeitsmarkt abzubauen.[23] Denn es gibt nur wenige Männer[24], die ihren gutbezahlten, statusfördernden Beruf gegen eine weniger statusträchtige unbezahlte Arbeit, wie die der Kinderbetreuung und Hausarbeit tauschen. Die rechtliche Anerkennung der Gleichwertigkeit von Hausarbeit und Erwerbstätigkeit wird solange nur eine Leerformel bleiben, solange die moralische und wirtschaftliche „Unterbewertung" von Hausarbeit verändertes Rollenverhalten nicht unterstützt.

---

21 Eine genaue Beschreibung des Diskurses in: Meyer, B., a.a.O., S. 21

22 Nach dem Zerrüttungsprinzip kann eine Ehe geschieden werden, wenn die Trennungszeiten (1 Jahr bei gegenseitigem Einverständnis, 3 Jahre bei Widerspruch eines Partners) abgelaufen sind, ohne daß, wie früher, eine Schuldzuweisung mit der Scheidung verbunden sein muß.

23 Reich-Hilweg geht sogar noch einen Schritt weiter, in ihrer Schlußfolgerung:" Die Gesetzgebung unterlief das Totalitätsgebot dieses Gleichheitssatzes, indem sie den separaten Sektor der Familienordnung regelte und die Arbeit und Sozialordnung in dem Zustand der urwüchsigen Ungleichheit und Diskriminierung ließ." Reich-Hilweg, a.a.O., S. 139

24 1986 arbeiteten 3 % aller Männer vorübergehend als Hausmänner. Metz-Göckel, S./Müller, U.: Der Mann, Die Brigitte Studie, Weinheim 1986, S. 26. Ferner zeigte eine Befragung über geteilte Elternschaft, daß die Motivation zur geteilten Elternschaft meistens von den Frauen ausgingen, und von den größtenteils über eine akademische Ausbildung verfügenden Männer mehr oder weniger motiviert mitgetragen wurde. Busch,G./Hess-Diebäcker, D./Stein-Hilbers, M.: Den Männern die Hälfte der Familie, den Frauen mehr Chancen im Beruf. Weinheim 1988, S. 97-132

2. Von der 'de jure'- zur 'de facto'-Gleichberechtigung – Institutionelle Frauenpolitik

Nachdem der Gesetzgeber den Rahmen für die Gleichberechtigung zwischen Mann und Frau geschaffen hatte, war er nun gefordert, das in 'Frauenpolitik umzusetzen'. Die institutionelle Frauenpolitik[25], d.h. von staatlicher Seite betriebene Maßnahmen zur Förderung von Frauen, beginnt sich in den 70er Jahren ihren Platz zwischen den etablierten Politikfeldern zu schaffen.

Gleichstellungsstellen auf Bundes- und Landesebene wurden mit der Aufgabe betraut, die Diskrepanz zwischen de jure und de facto Gleichberechtigung zu verringern. Unter ihrer Mitarbeit wurden Frauenfördermaßnahmen und Frauenförderpläne unterschiedlichster Tragweite – von vorsichtigen 'Sollte'-Bestimmungen bis hin zu klaren Forderungen nach Quotierung – erarbeitet.

2.1 Gleichstellungsstellen

Die Einrichtung von Gleichstellungsstellen begann in den siebziger Jahren auf Länderebene und wird seit den achtziger Jahren auch sehr stark auf kommunaler Ebene weiterbetrieben, sodaß inzwischen neben jedem Bundesland auch schon die meisten Kommunen eine Gleichstellungsstelle haben[26], und mit der Einrichtung des Ministeriums für Frauen Familie und Gesundheit im Jahre 1986 auch *die* zentrale 'Gleichstellungsstelle'[27] der Bundesrepublik geschaffen wurde.

Die organisatorische Struktur der Gleichstellungsstellen in den Bundesländern weist große Unterschiede auf. Es gibt der Regierungsspitze zugeordnete Stabstellen – Hamburg, Rheinland-Pfalz – Fachreferate innerhalb des Sozialministerium – Baden-Württemberg, Bayern –, selbstständige Behörden – Bremen, Hessen –, bis hin zu den Frauenministerien, wie in Berlin, Schleswig Holstein, Niedersachsen, dem Saarland und Nordrhein-Westfalen.[28] Ebenso unterschiedlich ist die personelle – zwischen 3 und 19 Stellen – und die finanzielle Ausstattung – zwischen 40.000 DM und über 7 Mill. DM. Auch die Kompetenzen der Gleichstellungsstellen innerhalb

---

25 Auf die Politik anderer Organisationen und Gruppierungen, wie z.B. Gewerkschaften, Kirchen, unabhängigen Frauenorganisationen u.a., soll im Rahmen der Arbeit nicht eingegangen werden.

26 Während es 1982 auf kommunaler Ebene erst eine Stelle gab, waren es Mitte 1989 schon 460, und ihre Zahl steigt weiter an. vgl. Bundesministerium für Jugend, Familie, Frauen und Gesundheit (Hrsg): Frauen. Bonn 1989, S. 83 u. 84

27 Das Ressort Frauenpoltik mit 8 Referaten hat 33 MitarbeiterInnen. Durch die Einräumung von Initiativ-, Rede- und Vertagungsrecht sind wichtige Instrumente geschaffen, um gegen frauenfeindliche Beschlüsse vorzugehen und so Frauen zu fördern.

28 Stand: Juli 1991

der jeweiligen Landesregierungen unterscheiden sich erheblich. Während in allen Ländern eine Anhörungspflicht besteht, haben nur sechs Gleichstellungstellen das Recht an Kabinettssitzungen teilzunehmen.

Das Aufgabenspektrum der Gleichstellungsstellen umfaßt arbeitsmarkt- und berufsbezogene Aufgaben – wie z.B. die Wiedereingliederung von Frauen in den Arbeitsprozeß, Vereinbarkeit von Familie und Beruf – ebenso wie die Kontaktpflege zu Frauengruppen, Öffentlichkeitsarbeit, Forschung und Dokumentation zu den verschiedenen Bereichen der Diskriminierung von Frauen, Gewalt gegen Frauen und auch, vor allem auf kommunaler Ebene, die Entgegennahmen von Beschwerden und die persönliche Beratung und Unterstützung ratsuchender Frauen.

In einer Analyse der Zielsetzungen und Arbeitsschwerpunkte der Gleichstellungsstellen auf Länderebene wurde auf den Zusammenhang mit den zugrundegelegten Vorstellungen von Gleichberechtigung, hingewiesen.

So werden in den Gleichstellungsstellen CDU regierter Länder, wie in Bayern, Baden-Württemberg, Niedersachsen und Rheinland-Pfalz vorrangig familienpolitische Interessen vertreten. Ziel der Gleichstellungsstellen ist die Aufwertung der bisher wenig geschätzen und unbezahlten Familienarbeit.

In Ländern mit SPD Regierung, wie in Berlin, Hamburg, Schleswig-Holstein, dem Saarland und Nordrhein-Westfalen hingegen liegt der Arbeitsschwerpunkt der Gleichstellungsstellen auf der Gleichstellung der Frau im Erwerbsleben, mit dem Ziel, über die materielle Unabhängigkeit der Frau auch deren Gleichstellung zu erreichen.[29]

Auch die Unterschiede in der personellen und finanziellen Ausstattung der Gleichstellungsstellen und die ihnen zugestandenen Kompetenzen sind in Zusammenhang mit den, in den Ländern jeweils regierenden Parteien zu sehen.

So beginnen SPD und CDU regierte Länder zwar gleichzeitig mit der Einrichtung der Stellen, doch sind diese in den SPD regierten Ländern in der Verwaltungshierarchie höher angesiedelt[30] und sowohl personell als auch finanziell besser ausgestattet.[31]

---

29 Vgl. Rudolph, C.: Die andere Seite der Frauenebewegung. Frauengleichstellungsstellen in Deutschland, , Pfaffenweiler, 1993, S. 25
Ebenso Hebenstreit, S.: Benachteiligung, Gleichberechtigung , Wahlfreiheit – Frauenpolitik im Spiegel der Frauenberichte, in: Frauenforschung 3, Heft 1+2, S. 29-38

30 Eine höhere Einstufung der Stellen bedeutet nicht nur eine formal höhere Qualifikation, sondern auch eine höhere Statusbewertung innerhalb der Verwaltungshierarchie und damit auch bessere Möglichkeiten der persönlichen Einflußnahme der Frauen- oder Gleichstellungsbeauftragten.

31 Rudolph, C., a.a.O., S. 96 ff

2.2 *Konzepte zur Frauenförderung – Frauenförderpläne und 'Antidiskriminierungs'-Gesetze*

Die Mitarbeit an *Frauenförderungsrichtlinien* und *-plänen*, sowie die Unterstützung und Kontrolle der Umsetzung ist eine zentrale Aufgabe der Gleichstellungsstellen.

Auf Bundesebene wurde eine Frauenförderungs-Leitlinie erst im Jahre 1986 verabschiedet, nachdem ein 1985 von der SPD eingebrachter Gesetzentwurf für eine Frauenförderungsrichtlinie für Frauen in der Bundesverwaltung und den nachgeordneten Bundesbehörden keine Mehrheit gefunden hatte.

Auf Länderebene waren bereits im Jahre 1983 die ersten Leitlinien verabschiedet worden und 1984 folgten viele Länder mit der Verabschiedung oder Erarbeitung von Frauenförderplänen.[32]

Die Frauenförderpläne bestehen aus einer Kombination einzelner Formen der Frauenförderung, die in einer Studie der Europäischen Gemeinschaft folgendermaßen klassifiziert wurden:

„a) statistisch: Verbot der Diskriminierung
b) dynamisch: Förderungsmaßnahmen mit Wirkung auf Gegenwart und Zukunft
c) rückwirkend: Förderungsmaßnahmen mit Wirkung auf die Vergangenheit
d) systematisch: Beschäftigungspraktiken
e) gesellschaftsbezogen: Familienleben
f) auf den Arbeitsplatz beschränkt: Arbeitgeber-/Arbeitnehmerbeziehungen, interne Organisation des Unternehmens
g) freiwillig: hängt von den durch die verschiedenen Beteiligten ergriffenen Initiativen ab."[33]

Die inhaltlichen Schwerpunkte liegen dabei gegenwärtig klar in den Bereichen der Förderung von Frauen im Erwerbsleben – Stellenausschreibungen, Neueinstellungen, Teilzeitarbeit, berufliche Wiedereingliederung etc – Frau und Familie und Gewalt gegen Frauen.[34]

Die Erstellung eines Frauenförderplans erfolgt in mehreren Stufen.

---

32 Deutscher Bundestag – Verwaltung – Hauptabteilung Wissenschaftliche Dienste (Hrsg.), Materialien Nr. 93: Frauenförderpläne, sowie Vorschläge und Erfahrungen betreffend Sanktionen und sonstige Maßnahmen zur Durchsetzung der Chancengleichheit der Frau auf dem Arbeitsmarkt. Bonn 1986

33 Dokument Nr. 34 der Kommission der Europäischen Gemeinschaft von 1982, zitiert nach Benda, E., a.a.O., S. 40

34 Zusätzlich gibt es in jeder Gleichstellungsstelle noch andere Arbeitsschwerpunkte, wie z.B. in Hamburg in den Bereichen 'Frauenkultur' oder 'ausländische Frauen und Mädchen'. vgl., Leitstelle Gleichstellung der Frau, Hrsg.: Frauenpolitische Maßnahmen des Senats, 1982-85, Hamburg 1986

Einer Phase der Sensibilisierung für die Problematik folgt eine Bestandsaufnahme für den ausgewiesenen Bereich – wie viele Frauen sind beschäftigt, in welchen Positionen, unter welchen Konditionen etc. Dadurch kann in vielen Fällen schon eine frauenspezifische Diskriminierung aufgezeigt und auch durch Zahlen belegt werden. An diese Analyse schließt sich die Ausarbeitung und Umsetzung von Maßnahmen an, um die konstatierten Nachteile abzubauen. Durch eine Berichtspflicht[35] können die Ergebnisse der Frauenförderpläne dokumentiert und gegebenenfalls aufbauende Schritte beschlossen werden. Der Erfolg jeder Maßnahmen hängt wesentlich von dem Instrumentarium ab, mit dem die Zielvorstellungen umgesetzt werden[36], eine Problematik, die in Kapitel V anhand des Frauenförderkonzeptes in Nordrhein-Westfalen noch exemplarisch dargestellt werden wird.

Die in den Plänen formulierten Maßnahmen reichen von allgemeinen Vorschlägen, über sogenannte Soll- Bestimmungen, bis zu den 'härtesten' Maßnahmen, den Quotenregelungen – bei denen aber sowohl in ihrer Ausgestaltung als auch in ihrer Wirksamkeit die einzelnen Formen unterschieden werden müssen – und von denen, ob ihrer umstrittenen Verfassungsmäßigkeit bisher erst in dem Frauenförderungsgesetz in Nordrhein Westfalen eine 'milde' Form genutzt wird.

Durch ihre Gesetzeskraft gehen *Frauenförderungs-* oder auch *Antidiskriminierungsgesetze* über den rein appellativen Charakter der Frauenförderungsrichtlinien hinaus, da Frauen damit eine Klagemöglichkeit offensteht.

In diese Richtung zielten auch die in den Jahren 1975 und 76 vom Rat der Europäischen Gemeinschaft erlassenen zwei Richtlinien, in denen Arbeitgeber aufgefordert wurden, Frauen gleiche Löhne zu bezahlen wie den Männern, ihnen den gleichberechtigten Zugang zu Berufen und Ausbildungsgängen zu verschaffen und sie in gleicher Weise wie Männer zu befördern. Die Mitgliedsländer wurden aufgefordert, diese EG-Richtlinien in eigene Gesetze zu fassen. Eine Aufforderung, der die Bundesrepublik erst nach einer Klageandrohung nachkam. So trat 1980 das Gleichbehandlungs- oder auch EG-Anpassungsgesetz[37] in Kraft, das 1990 novelliert wurde.

Es verbietet die Benachteiligung von Arbeitnehmerinnen durch Arbeitgeber auf Grund des Geschlechts. Es enthält ein individuelles Klagerecht, was bedeutet, daß jede Frau, die sich diskriminiert fühlt, diese Diskriminierung nachzuweisen hat, was in den meisten Fällen einer indirekten Diskriminierung äußerst schwierig ist. Gelingt es ihr, so steht ihr laut Gesetz Anspruch auf Schadenersatz in Höhe von bis zu vier Monatsgehältern zu.[38] Die Gesetzesregelung sieht aber weder ein Verbot

35 Die Verfassung eines Berichtes und damit die Erfolgskontrolle liegt größtenteils bei den Gleichstellungsstellen und/oder Frauenbeauftragten.

36 Es gibt bisher in der Bundesrepublik kein Frauenförderungsplan, der Sanktionsmaßnahmen bei Nichteinhaltung beinhaltet.

37 Vgl. Pfarr, H./Bertelsmann, K.: Gleichbehandlungsgesetz, a.a.O., S. 27 ff

38 Die Höhe des Anspruchs auf Schadensersatz ist das Ergebnis einer Rüge des Europäischen Gerichtshofes an die Bundesregierung. Im ursprünglichen Gesetz waren der Frau im Falle der

der indirekten Diskriminierung noch die Umkehr der Beweislast vor. Lediglich die geschlechtsneutrale Stellenausschreibung ist von einer „Soll“ zu einer „Muß“-Bestimmung verschärft worden. Da aber keine Sanktionen vorgesehen sind bleibt die Nichteinhaltung ohne Konsequenzen.

Von einem Antidiskriminierungsgesetz mit ‘Zähnen und Klauen', wie es von Frauenorganisationen und Verbänden schon 1982 in einer von der Bundesregierung zu diesem Thema veranstalteten Anhörung[39] gefordert wurde, kann nicht gesprochen werden. Denn ohne die Möglichkeiten der sogenannten „Verbandsklage“, die Frauen als Gruppe das Recht zur Klage einräumen, muß jede Frau für sich, die diversen Arten der Diskriminierung beweisen, und diese dann durch ein Gericht als solche bestätigt werden. Erst wenn der Arbeitgeber im Falle der Klage einer Frau die „Nichtdiskriminierung“ nachzuweisen hat, wenn die Diskriminierung von Frauen Geldstrafen für Arbeitgeber oder den Entzug von Subventionen zur Folge hat und Quoten über „Soll“-Bestimmungen hinausgehen, kann von einem Antidiskriminierungsgesetz mit ‘Zähnen und Klauen' gesprochen werden.

Auf Länderebene haben schon mehrere Landtage bzw. Landtagsfraktionen[40] – meist auf Initiative der GRÜNEN[41] – Frauenförderungs- bzw. Antidiskriminierungsgesetze erarbeitet, von denen bisher das Landesantidiskriminierungsgesetz von Berlin (LADG) sowie das Frauenförderungsgesetz von Nordrhein-Westfalen (FFG) verabschiedet, und damit in Kraft getreten sind. Die Ausgestaltung der Gesetze bzw. Entwürfe ist sehr unterschiedlich.[42] Gemeinsamer Bezugspunkt aller Enwürfe ist der öffentliche Dienst des jeweiligen Landes, wobei das Berliner LADG und der baden-württembergische Entwurf ein grundsätzliches Diskriminierungsverbot enthalten, mit dem Gebot zur aktiven Beseitigung von Diskriminierun-

---

nachgewiesenen Diskriminierung lediglich Auslagen für Porto und Bewerbungsunterlagen zugestanden worden.

39 Vgl. dazu Friedrich-Naumann-Stiftung (Hrsg.): Antidiskriminierungsgesetz., 2 Bde., Königswinter 1984

40 Hamburg, Entwurf der GRÜNEN: „Quotierungsgesetz zur Verwirklichung der Gleichstellung von Frauen und Männern“, Bremen, Entwurf der GRÜNEN: „Gesetz zur beruflichen Förderung von Frauen im öffentlichen Dienst, Landesquotierungsgesetz“, Hessen, Entwurf der GRÜNEN: „Gesetz zur Durchsetzung der beruflichen Gleichberechtigung von Frauen im öffentlichen Dienst, Frauengleichberechtigungsgesetz“, Baden-Württemberg, Entwurf der GRÜNEN: „Gesetz zum Abbau der Benachteiligung von Frauen im öffentlichen Dienst, Quotierungsgesetz“

41 Ausgangspunkt für viele Entwürfe der GRÜNEN Landesparteien ist das Antidiskriminierungsgesetz der ehemaligen Bundestagsfraktion. Die GRÜNEN haben inzwischen ihren dritten überarbeiteten Entwurf eines Antidiskriminierungsgesetzes dem Bundestag vorgelegt. vgl., DIE GRÜNEN (Hrsg.): Broschüre zum ADG ,3. überarbeitete Auflage, Bonn November 1987, ebenso Bundestagsdrucksache 11/3266 zum ersten Entwurf und Bundestagsdrucksache 11/7140 zum dritten Entwurf, in dem Beseitigung der rechtliche Diskriminierung von Prostituierten als neuer Punkt hinzugekommen ist.

42 Vgl., Schewe, C.: Eckpunkte verschiedener Frauenförderungsgesetze. in: Fraktion DIE GRÜNEN im Landtag Nordrhein-Westfalen (Hrsg.): Einbruch in die Männerwelt. Zur Diskussion um gesetzliche Frauenförderung

gen. Die anderen Gesetze oder Entwürfe beziehen sich stärker auf die berufliche Förderung von Frauen und sind insgesamt in ihren Forderungen defensiver. Alle Entwürfe und das Berliner LADG – mit Ausnahme des FFGs von Nordrhein-Westfalen – enthalten in unterschiedlicher Ausgestaltung die Vorschrift, in jeder Dienststelle eine Frauenbeauftragte zu wählen oder zu bestellen, ebenso wie obligatorische Frauenförderpläne. Auch bei der Vergabe von Ausbildungsplätzen herrscht bis auf das FFG, das diesen Bereich nicht genauer erörtert, Einigung über eine Quotierung von 50 %. Bei der Vergabe von Erwerbsarbeitsplätze aber, verzichten alle Entwürfe und die beiden Gesetze auf eine derart harte Quotenforderung. Als weiterer wichtiger Punkt ist noch der Qualifikationsbegriff zu nennen, dessen Ausgestaltung – wie an anderer Stelle schon erwähnt – von entscheidender Bedeutung für eine effektive Frauenförderung ist. So sind die beiden Gesetze in ihrer Formulierung sehr allgemein gehalten. Während das FFG die bestehenden Bewertungskritierien der Eignung, Befähigung und Leistung übernimmt, ohne diese weiter zu definieren, nimmt das Berliner Gesetz pauschal Bezug auf „Einzelfallgerechtigkeit“. Die anderen Entwürfe verlangen, daß die Qualifikation an den Anforderungen der zu besetzenden Stelle zu messen ist und Lebenserfahrungen von Frauen als Qualifikation zu bewerten sind.[43] Auch Regelungen zu familienfreundlichen Arbeitszeiten oder die Teilbarkeit von Führungspositionen sind in den neueren Entwürfen aufgenommen, fehlen aber noch im Frauenförderungsgesetz von Nordrhein-Westfalen.

2.3 *Die Parteien und die Frauenförderung*

Wie im vorangegangenen Teil sichtbar wurde, ist es schwierig, von *der* institutionellen Frauenpolitik zu sprechen, da sie, wie jeder Politikbereich, entscheidend von der jeweils regierenden Partei abhängt. Zwar ist auf Grund von Überschneidungen – vor allem was einzelne Maßnahmen angeht – nicht immer eine klare Unterscheidung zwischen der Frauenpolitik der Grünen, der SPD , der FDP oder den Unionsparteien möglich, doch lassen sich deutliche Tendenzen hinsichtlich der angestrebten Ziele, und der dahinterstehenden Vorstellung von Gleichberechtigung feststellen.

Unterschiedlich angelegte Analysen[44] von frauenpolitischen Programmen der Parteien kommen zu dem selben Schluß: Die Frauenpolitik der Unionsparteien hat

---

43 Der Bremer Entwurf sieht z.B. Familienarbeit als Qualifikationsmerkmal vor, wenn die Stelle ähnliche Anforderungen hat, wie etwa Organisationstalent.

44 Schmidt-Bott, R.: Programme und Konzepte in der Frauenpolitik, 1984, in: Münder, J./ Slupik, V./ Schmidt-Bott, R.: Rechtliche und politische Diskriminierung von Mädchen und Frauen, Opladen 1984, S. 141-158
Meyer, B.: Frauenpolitiken und Frauenleitbilder in der Bundesrepublik, a.a.O.
Rudolph, C., Frauengleichstellungsstellen in den Ländern der Bundesrepublik Deutschland, a.a.O.

eindeutig die Familie als Leitbild, Frauenpolitik ist innerhalb der Familienpolitik zu sehen. Ziel der Frauenpolitik ist die Aufwertung der Hausarbeit durch unterstützende Maßnahmen, wie z.B. das Erziehungsgeld, um den Frauen eine 'Entscheidungshilfe' für die Familie und gegen den Beruf zu geben. Wobei aber konstatiert wird, daß „CDU und CSU insgesamt frauenpolitisch dazugelernt haben"[45] und Familienarbeit nicht mehr ausschließlich als Domäne der Frau verstanden wird.[46]

Seine Grenzen findet dieser „konservative Feminismus"[47] bei den Maßnahmen zur Umsetzung, die weit hinter den propagierten Zielen zurückbleiben.

Für die SPD liegt das Hauptziel der Frauenpolitik darin, Gleichberechtigung vor allem über die Gleichberechtigung der Frau im Erwerbsleben zu erreichen. Die Bedeutung der Erwerbstätigkeit, sowohl für die materielle Unabhängigkeit der Frau, als auch für deren Selbstbewußtsein sind Ausgangspunkt der frauenpolitischen Maßnahmen. Entscheidenden Anteil an der Frauenpolitik der SPD kommt der ASF (Arbeitsgemeinschaft Sozialdemokratischer Frauen) zu, deren Forderungen nach Verkürzung der Arbeitszeit bei vollem Lohnausgleich für Mann und Frau und, damit und zusätzlich eine bessere Vereinbarkeit von Familie und Beruf auch von großen Teilen der Frauenbewegung mitgetragen werden.

Mit der Einführung der Quote bei der Vergabe von Parteifunktionen und Mandaten im Jahre 1988 schließlich,[48] wurden frauenpolitische Forderungen in den eigenen Reihen umgesetzt, und die Quotenfrage zum Diskussionspunkt für eine breite Öffentlichkeit gemacht.

Schließlich ist noch kurz auf die Frauenpolitik der kleinen Koalitionspartner einzugehen, da sie den großen Parteien wichtige Anstöße gaben.

Die GRÜNEN vertreten, als eine aus den sozialen Bewegungen entstandene Partei, am stärksten die Forderung der Frauenbewegung nach Veränderung gesellschaftlicher Strukturen und einer Neubewertung von Produktions- und Reproduktionsarbeit. Als erste Partei mit einer innerparteilichen Quotenregelung[49] versuchten sie Frauenpolitk nicht als isoliertes Politikfeld, sondern als Teil jedes Politikbereiches zu begreifen und umzusetzen. Mit der Quotierung sollte ferner versucht wer-

---

45 Meyer, B., a.a.O., S. 24

46 Vgl. 'Essener Leitsätze"der CDU, Bonn 1985, ebenso den Frauenbericht des 37. Bundesparteitages vom 10-13 September 1989 in Bremen

47 Jansen, M.: „Konservativer Feminismus" mit Rita Süßmuth, in: Blätter für deutsche und internationale Politik 31, S. 184-201, 1986

48 Dazu: Sozialdemokratischer Informationsdienst, Dokumente Nr. 28, Bundesvorstand des ASF, Hrsg.: Frauen in der SPD. Dokumentation der Quotendebatte vom 30. August 1988 auf dem Bundesparteitag in Münster, Bonn 1989

49 Frauenstatut in: Die GRÜNEN, Hrsg.: Satzung des Bundesverbandes, Bonn 1989, S. 22-25, auf die Schwierigkeiten der Umsetzung der Quote soll hier ebensowenig eingegangen werden, wie im Falle der SPD, dazu vgl. Bundesarbeitsgemeinschaft Frauen der GRÜNEN, Hrsg.: Wir haben die Hälfte der Stühle. Was fehlt noch zur Hälfte der Macht? Reader zum 2. Feministischen Ratschlag. Bonn 25./26. Nov. 1989

den, die der 'männlich' geprägten und bestimmten Politik das bisher vernachläßigte 'weibliche' Element hinzuzufügen.[50]

Bei der FDP gehört Frauenpolitik nicht zu den zentralen Politikbereichen, weshalb ihr ein zweimaliger Koalitonswechsel, und der damit verbunden Anpassungsprozeß an den Koalitionspartner, nicht schwer fiel. Ihr Frauenleitbild blieb relativ stabil.[51] Es orientiert sich an den Werten der Leistungsgesellschaft, in der der Zugang zu Bildung und Beruf unabhängig vom Geschlecht gesehen wird. Damit wird aber die zwischen den Geschlechtern bestehende Ungleichheit geleugnet und mangels fehlender Gegenmaßnahmen zementiert.

2.4 Effektivität von Frauenförderung

Die exemplarische Erörterung von Wegen der Umsetzung des Art. 3 GG durch Exekutive und Legislative hat gezeigt, daß, ausgehend von den unterschiedlichen Gleichberechtigungsvorstellungen der beiden großen Parteien, auch die unter den jeweiligen Regierungen verabschiedeten Gesetze und politische Maßnahmen zur Frauenförderung in verschiedene Richtungen weisen.

Der Gesetzgebung kommt dabei eine entscheidende Bedeutung zu. Die durch sie gesetzten Werturteile und Normen werden weitergegeben und bilden die Grundlage und Rechtfertigung für politische Maßnahmen. Und schließlich, wie anhand des Frauenförderungsgesetzes von Nordrhein-Westfalen noch zu zeigen sein wird, ist das Gesetz immer eine willkommene 'Rückzugsbastion' gegenüber Maßnahmen aus einer anderen politischen Richtung. Deshalb ist gesellschaftliche Veränderung nur möglich, wenn Legislative und Exekutive wirklich 'Hand in Hand gehen'. Auf die Wirksamkeit von Frauenförderung bezogen, bedeutet das eine genaue Analyse von den in Legislative und Exekutive vertretetenen Werten und Normen. Welche Art von Frauenförderung wird angestrebt und dient das geschaffene Gesetz dazu, diese zu verwirklichen, oder ist es vielmehr wie das EG-Anpassungsgesetz eher ein 'Beschwichtigungsgesetz'?

Denn nur so läßt sich feststellen, ob sie schon vom Ansatz her ungeeignet sind, tatsächliche Gleichberechtigung gemäß Art. 3 GG herzustellen, und ob sie in der Praxis greifen oder nicht. Denn, trotz des über vierzigjährigen Bestehens des Gleichberechtigungsartikels kommen Frauen ihrer Gleichberechtigung nur in ganz kleinen Schritten näher, da ihre Vorstellungen durch die Umsetzung der Politiker in Gesetze schon jahrzehntelang gebremst, manchmal sogar zum völligen Stillstand gebracht werden.

---

50 Ausgangspunkt ist die These, daß Frauen auf Grund ihrer vom Mann unterschiedlichen Sozialisation und der darauf basierenden Werte, eine andere Art von Politik machen, als die derzeit von Männer betriebene.

51 Dazu Meyer, B., a.a.O., S. 24/25

Begriffe wie Gleichberechtigung und Frauenförderung sind zwar in aller Munde, doch bei Maßnahmen zu ihrer Umsetzung bleiben die Politiker – Politikerinnen sind eine geringe Minderheit – äußerst zurückhaltend.

Die Forderung von Frauen nach einer, wie auch immer gearteten, Quotenregelung ist deshalb die logische Reaktion auf eine derartige Politik.

IV. Die Quote als Instrument der Frauenförderung

Nachdem sich viele Maßnahmen zur Herstellung einer Gleichberechtigung zwischen Mann und Frau, gerade im Berufsleben als wenig effizient erwiesen haben, ist die Forderung nach einer Quotierung von Arbeits- und Ausbildungsplätzen der wohl radikalste Schritt in die angestrebte Richtung. Frauen wollen nicht länger gefördert werden, sondern fordern vielmehr ihren berechtigten Anteil der Macht in allen Bereichen. Diese Forderung geht über die bisherigen Förderungsmaßnahmen deshalb weit hinaus, da mit der Festlegung einer Quote nicht mehr nur 'Zugeständnisse, Hilfen oder Unterstützung' für Frauen, sondern klare Ansprüche verbunden sind, die Frauen Männern gegenüber geltend machen. Doch da es nicht um abstrakte Zahlen, sondern um die sehr reale Verteilung der knappen Ressource Ausbildungs- oder Arbeitsplatz geht, wird diese Umverteilung von den Männern nicht ohne weiteres hingenommen. Die Rechtsmäßigkeit einer derartigen 'Zwangsumverteilung' wird angezweifelt.

Sowohl der politische als auch der rechtswissenschaftliche Diskurs um die Quote wird von drei zentralen, immer wiederkehrenden Problemkreisen bestimmt: Die erste Frage ist die nach der Vereinbarkeit von 'Frauenquoten' mit dem Grundgesetz. Dann folgt die Befürchtung einer „umgekehrten Diskriminierung“[1] des Mannes durch Quotierung. Und der dritte Punkt beinhaltet die Angst vieler Männer – aber auch von Frauen –, daß weniger 'qualifizierte' Frauen dem 'qualifizierteren' Mann vorgezogen werden. Fragen, die sehr oft aus dem Unwissen um die unterschiedlichen Arten von Quotenregelungen herrühren, was einen sachlichen und differenzierten Umgang mit der Problematik erschwert.

1 Siehe dazu Abschnitt 4.1.

1. Definitionen und Abgrenzungen unterschiedlicher Modelle

In einer ausführlichen Differenzierung der unterschiedlichen Erscheinungsformen von Quoten, unterscheidet *Heide Pfarr* die Quotenmodelle nach rechtlicher Bindungswirkung, nach Bezugsgröße und nach Regelungsgegenstand.[2]

1.1 Unterscheidung nach rechtlicher Bindungswirkung

Bei der Unterscheidung nach rechtlicher Bindungswirkung lassen sich vier Abstufungen vornehmen.[3] Die strikteste Quote ist die „rechtlich bindende", „starre" oder auch „imperative" Quote. Das Abweichen oder die Nichterfüllung von der festgelegten Quotierung wird unmittelbar sanktioniert.

Als nächste Abstufung ist die „indirekte", „wirtschaftlich bindende" oder auch „influizierende" Quote zu nennen. Durch die Gewährung bzw. Verweigerung von Vergünstigungen, in Form von Steuervorteilen oder Subventionen, wird versucht „auf das Verhalten der entscheidenden Instanzen Einfluß im Sinne einer Quotierung auszuüben."[4]

Auch mit der Quote in Form einer Richtlinie soll zwar verbindlich Einfluß genommen werden, bei Nicht-Einhaltung der Richtlinie sind aber ebensowenig Sanktionen vorgesehen wie bei der Quote als Orientierungssmaßstab. Diese Quoten werden als „Anhaltspunkte gesetzt, die auf einer rein freiwilligen Basis angestrebt werden sollen"[5]

Damit scheint diese letzte Form der Quote im Gegensatz zu den beiden erstgenannten als Maßnahme der Frauenförderung nicht geeignet, da es sehr fraglich ist, daß sich ohne direkte oder indirekte Sanktionen an der bisher praktizierten Einstellungpraxis etwas ändert.

1.2 Unterscheidung nach Bezugsgrößen

Die Bezugsgröße für eine Quote ist der im jeweiligen Fall für die bestimmte Personengruppe festgelegte Prozentsatz. Die Quote kann willkürlich festgelegt sein, oder aber an bestimmte Maßstäbe anknüpfen. Das kann im Falle von Frauen, die prozentuale Verteilung der Geschlechter in der Bevölkerung, unter den Erwerbstä-

---

2 Pfarr, H.: Quoten und Grundgesetz, Baden-Baden 1988, S. 202-208

3 Im Gegensatz zu Pfarr unterscheidet Schmitt-Glaeser „zwei wesentliche Formen von Quotierung", nämlich, die „influenzierende" und die „imperative" Quotierung. Schmitt-Glaeser, W.: Abbau des tatsächlichen Gleichberechtigungsdefizits der Frauen durch gesetzliche Quotenregelung, Schriftenreihe des Bundesministeriums des Innern, Bd. 16, 1982, S. 9-10

4 Schmitt-Glaeser, W., a.a.O., S. 9

5 Pfarr, H., 1988, S. 205

tigen, bei Bewerbungen um eine Arbeitsstelle oder bei Hochschulabsolventen, sein. Ebenso können aber auch regionale und sektorale Besonderheiten berücksichtigt werden.[6]

1.3 Unterscheidung nach Regelungszustand

Bei der Differenzierung nach Regelungszustand sind zwei Unterscheidungskriterien von Bedeutung: die Art der Zielvorgabe und der Qualifikationsbezug.

Enthält eine Quotenregelung neben der Zielquote auch Vorschriften, wie diese zu erreichen ist, so wird von einer Entscheidungsquote gesprochen.

Beschränkt sich die Quote hingegen lediglich auf die zu erreichende Zielvorgabe, ohne Maßnahmen zu deren Umsetzung vorzugeben, handelt es sich um eine Ergebnisquote.

Nach dem Bezug der Qualifikation lassen sich starre und flexible Quoten unterscheiden.

Bei starren Quoten ist die vorgegebene Quote, unabhängig von Qualifikationsanforderungen einzuhalten, dabei wird es sich immer um imperative Quoten handeln.

Bei der flexiblen (leistungsbezogenen, relativen)[7] Quote ist bei gleicher Qualifikation[8] das unterrepräsentierte Geschlecht vorzuziehen. *Pfarr* differenziert über die von *Schmitt-Glaeser* und *Benda* vorgenommene Unterscheidung hinaus, noch zwischen „Quoten mit Mindestvorraussetzungen, Quoten mit vorrangiger Berücksichtigung bei gleicher, und bei gleichwertiger Qualifikation“. Durch die weitergehende Differenzierung zwischen „gleicher“ und „gleichwertiger“ Qualifikation „soll lediglich dem Bedenken Rechnung (ge)tragen (werden) <Nota C.L.>, daß es eine wirklich „gleiche“ Qualifikation von unterschiedlichen Personen nicht geben kann und nicht gibt, im juristischen Sprachgebrauch „gleich“ auch nur im Sinne von „gleichwertig“ gemeint ist.“ Die Formulierung „gleichwertig“ bevorzugt sie wegen der Erfahrungen, daß sich „um ihre Verpflichtung zur Berücksichtigung von Frauen zu umgehen, viele Personalentscheider einer engen Auslegung des Begriffs „gleich“ bedient haben.“[9]

Damit spricht *Heide Pfarr* ein großes Problem an, das in der Diskussion um die „Frauenquote“ immer wieder auftaucht. Da der ‘flexiblen Quote’ die größten Chance einer Verfasssungsmäßigkeit eingeräumt wird,[10] folgt schnell die Frage, wie gleiche oder gleichwertige Qualifikation zu messen sei? Denn der Qualifikationsbegriff läßt einen großen Entscheidungsspielraum, der zwar für, aber bisher leider

---

6 Pfarr, H., 1988, S. 207

7 Benda, E., 1988, S. 43

8 Auf den Qualifikationsbegriff, und die damit entstehenden Probleme in Zusammenhang mit Frauenförderung wird unter Punkt 4.2.3. eingegangen.

9 Pfarr, H., 1988, S. 204

10 Siehe dazu Punkt 3 in diesem Kapitel

meistens gegen die Frauen angewandt wurde. Damit aber, könnte die Quotenform zu „flexibel“ sein, um eine tatsächliche Veränderung zu bewirken.

Die Vielfalt der möglichen Erscheinungsformen von Quoten impliziert also eine große Bandbreite, was die Möglichkeiten ihrer Implementation und ihres Wirkungsgrades anbelangt. Ausgehend von den Modellen werden diese beiden Aspekte bei den zu erörternden Quotenregelungen zu untersuchen sein.

2. Die Idee der Quote – Beispiele bestehender Quotenregelungen in der Bundesrepublik Deutschland

Quotierung ist, obwohl sie erst in Verbindung mit der Frauenförderung in alle Munde kam, eine in in der Bundesrepublik schon mehrmals angewandte Maßnahme, durch die „einem bestimmten Personenkreis bei der Besetzung von Positionen in verschiedenen Bereichen des öffentlichen Lebens (vorweg) eine bestimmte Quote, ein bestimmter Prozentsatz, zugestanden wird.“[11]

So enhält das *Schwerbehindertengesetz* eine imperative, numerische Quotenregelung.

Darin wird verfügt, daß private und öffentliche Arbeitgeber wenigsten 6 % ihrer Arbeitsplätze mit Schwerbehinderten zu besetzen haben, wenn sie über mindestens 16 Arbeitsplätze verfügen.

Obwohl weder das *Heimkehrergesetz* noch das *Gesetz zur Regelung der Wiedergutmachung nationalsozialistischen Unrechts für Angehörige des öffentlichen Dienstes* numerische Quoten enthalten, wirken sich nach *Schmitt-Glaeser*, die in den Gesetzen enthaltenen Bevorzugungsregelungen faktisch wie Quotenregelungen aus, und „durchbrechen“ das Leistungsprinzip.[12]

Das gemeinsame Anliegen dieser drei Gesetze sei, „daß persönliche Nachteile ausgeglichen werden sollen, die auf einem unglücklichen „Schicksal“, also auf Umständen beruhen, auf die der berechtigte Personenkreis keinerlei Einfluß hatte.“ Ferner die „gesetzestatbestandliche Eindeutigkeit und die Evidenz, mit der der Vorrang sozialpolitischer Gründe in der fachlichen und öffentlichen Meinung anerkannt wird.“[13]

Auch das *Soldatenversorgungsgesetz* enthält eine Quotenregelung in Form eines Stellenvorbehaltes, durch das Angehörige der Bundeswehr , nach Beendigung ihres Zeitvertrages, der Einstieg ins zivile Arbeitsleben erleichtert wird. Im Gegensatz zu den übrigen genannten Quotenregelungen besteht diese nicht zum Ausgleich per-

11 Schmitt-Glaeser, W., a.a.O., S. 10
12 Schmitt-Glaeser, W., a.a.O., S. 13
13 Ebd., S. 15

sönlicher Nachteile, sondern vielmehr aus Staatsinteressen.[14] Eine Rechtfertigung mit sozialpolitischen Gründen ist deshalb nach Schmitt-Glaeser kaum möglich.

Gemeinsam ist der Förderung all dieser Personengruppen nach *Schmitt-Glaeser* aber, deren gesellschaftliche Akzeptanz, von der bei Frauenquoten nicht gesprochen werden kann.[15] *Pfarr* sieht in dieser Argumentation einen „logischen Zirkelschluß", demzufolge Frauenquoten die fehlende gesellschaftliche Akzeptanz von Frauen im beruflichen und gesellschaftlichen Bereich *durch* die Förderung von Frauen abbauen sollen, gerade *wegen* dieser fehlenden gesellschaftlichen Akzeptanz aber unzulässig sind.[16]

Doch so paradox diese Schlußfolgerung scheinen mag, so stellt sich doch die Frage, ob sie nicht weitreichende Konsequenzen für die Durchsetzbarkeit von Frauenquoten hat.

3. Erfahrungen mit 'Frauenquoten' – das Beispiel Schweden

Was politische und gesetzliche Maßnahmen zur Gleichstellung der Geschlechter betrifft, bleibt die Bundesrepublik weit hinter vielen ihrer europäischen Nachbarn zurück.

Die Vorreiterrolle in Sachen Frauenförderung nimmt dabei zweifelsohne Schweden ein, das neben Norwegen und den USA zu den wenigen Ländern gehört, die in der Wirtschaft eine Quotenregelung bei Stellenbesetzungen anwenden[17].

Neben den frühen Bemühungen um Frauenförderung und der gesetzlichen Quotenregelung macht ein dritter Aspekt Schweden für die Diskussion um Maßnahmen der Frauenförderung besonders interessant.

Im Gegensatz zu den USA, in der die Chancengleichheit von Frauen durch eine umfangreiche gesetzliche Normierung vorangetrieben wird, ist hier Frauenförderung eng verbunden mit Maßnahmen der Steuer- Sozial-, Familien- und Arbeitsgesetzgebung.

Bereits 1951 gründeten Arbeitgeber und Gewerkschaftsverbände eine beratende Versammlung mit der Aufgabe, die Chancengleichheit im Arbeitsleben zu fördern.

---

14 Der Fehlbestand an Unteroffizieren soll abgebaut und damit die Verteidigungsfähigkeit gesichert werden. Durch die längere Bindung an den öffentlichen Dienst erklärt sich die nachwirkende Fürsorgepflicht. vgl. ebd., S. 14

15 Ebd., S. 15/16

16 Pfarr, H., 1988, S. 33

17 Passive Diskriminierungsverbote gibt es in Italien und in England, dessen Anti-Diskriminierungsgesetz, keine Quotierung enthält. dazu: Hering, H.: Die englischen Anti-Diskriminierungsgesetze, in: Jansen-Jurreit, 1979, S. 303-313

Anfang der 60er Jahre startete die Schwedische Arbeitsmarktdirektion[18] das erste Förderungsprogramm für Frauen im Arbeitsleben. Durch Informationen und spezielle unterstützende Maßnahmen wurde versucht, Frauen den Einstieg ins Berufsleben zu erleichtern. Und zu Beginn der 70er Jahre folgte die Öffentliche Hand auf den verschiedenen Ebenen mit Gesetzen, Vorschlägen und Aktionsprogrammen zur Förderung der Chancengleichheit. Die Regierung ernannte eine beratende Versammlung, das „Advisory Council to the Prime Minister on Equality between Men and Women"[19], das sie berät, und Maßnahmen zur Verbesserung der Situation von Frauen im Berufsleben erarbeitet. Dazu gehören unter anderen die Gewährung von Zuschüssen an Firmen, die Frauen in traditionellen Männerberufen einstellen, aber auch umgekehrt die Förderung der Einstellung von Männer in Frauenberufen.[20] Denn Frauenförderung bedeutet in Schweden nicht alleine der Versuch Chancengleichheit im Berufsleben herzustellen, sondern auch, das Aufbrechen der traditionellen Geschlechterrollen.

Die Analyse zur Situation von Frauen im Staatsdienst veranlaßte die gleichnamige Untersuchungskommission 1976 zu der Forderung nach „aktiven Maßnahmen verschiedenster Art von zentraler Stelle", da sich die passiven gesetzlichen Maßnahmen zur Förderung von Frauen als unzureichend erwiesen hatten.[21] Dieser Forderung nach einer aktiven Politik wurde 1980 im Gesetz zur Förderung von Gleichstellung im Erwerbsleben nachgekommen. Das Gesetz enthält neben einem absoluten Diskriminierungsverbot, die Forderung nach zielorientierter und planmäßiger Förderung. Staatlich geförderte Betriebe haben eine numerische Zielvorgabe von 40 % für jedes der beiden Geschlechter zu erfüllen. Die Aufgabe der Kontrolle obliegt den, von der Regierung eingesetzten Ombudspersonen; Verstöße werden mit Sanktionen und Geldbußen belegt.[22]

Benda spricht deshalb von einer „eindeutig imperativen Quotenregelung"[23]. *Hanau* dagegegen sieht in der Formulierung, daß aus „besonderen Gründen" von der Bevorzugung des unterrepräsentierten Geschlechts abgesehen werden kann, ein erhebliches Maß an Flexibilität für die Entscheidungsfreiheit der Arbeitgeber.[24] Da ferner das Kriterium der „gleichen Qualifikation" angewandt wird, läßt sich nur sehr bedingt von einer imperativen Quote sprechen.

Die Einkommensbesteuerung und das System der Sozialzulagen sind so ausgelegt, daß es „unabhängig vom Einkommensniveau immer vorteilhaft ist, wenn bei-

18 AMS Arbetsmarknadsstyrelsen

19 Das Council wurde 1976 durch das Komittee für Gleichstellung ersetzt.(siehe unten)

20 Vgl. Krebsbach-Gnath, C./ Schmid-Jörg, I.: Wissenschaftliche Begleituntersuchung zu Frauenförderungsmaßnahmen. Battelle-Institut e.V. Frankfurt, Wolfenbüttel 1985, S. 106 ff

21 Ebd., S. 34

22 Der Ombudsmann soll zuerst beratend auf die Arbeitgeber einwirken und erst im „Notfall" zu dem Mittel einer Klage greifen.(vgl. ebd., S. 36)

23 Benda, E., a.a.O., S. 98

24 Hanau, P.: Festschrift für W. Herschel, 1982, S. 203, zitiert nach Benda, E., a.a.O., S. 100

de (Ehe-)partner möglichst gleichviel zum Haushaltseinkommen beitragen."[25] Auch ist die Altersrentenversicherung so ausgelegt, daß „sowohl eine mehrjährige Berufsunterbrechung als auch eine ausgedehnte Periode der Teilzeitbeschäftigung möglich sind, ohne daß dadurch die künftige Altersversorgung beeinträchtigt wird."[26] Durch spezielle Lehrpläne soll dem traditionellen Rollenverhalten schon bei Jungen und Mädchen vorgebeugt werden. Und schließlich geht auch das schwedische Ehe- und Familienrecht von der Idealvorstellung der egalitären Erwerbsarbeit, Kinderbetreuung und Hausarbeit beider Elternteile aus. Als zentrales Mittel, um Elternschaft und Erwerbsarbeit zu vereinbaren, wird die Verkürzung der Arbeitszeit gesehen. Bisher konnten bei der Geburt eines Kindes 180 Tage Elternurlaub genommen werden, wobei „die Eltern selbst entscheiden, wie sie die Urlaubstage unter sich verteilen."[27] Ferner haben beide Elternteile von Kindern unter acht Jahren[28] das Recht einer Arbeitszeitreduktion bis zu einem Sechsstundentag, ein Anspruch den sie auch gleichzeitig geltend machen können.[29] „Diskutiert wird seit einiger Zeit auch die Einführung eines (obligatorischen) Sechsstundentages für alle Eltern, wobei diese Lösung auch im Hinblick auf eine gesamtgesellschaftliche Arbeitsumverteilung gesehen wird..."[30]

Die hohe Erwerbstätigkeit von Frauen in Schweden ist sicherlich auf das Zusammenspiel all dieser Maßnahmen und Gesetze zurückzuführen. Mit 80 % ewerbstätiger Frauen nimmt es im internationalen Vergleich eine Spitzenposition ein. Daß der Anteil der berufstätigen Mütter am höchsten ist, spricht für die begleitenden sozialen Rahmenbedingungen – 84 % aller Frauen mit Kindern unter 7 Jahren und 92 % mit Kindern zwischen 7–16 Jahren sind berufstätig.[31]

Bei näherer Betrachtung dieser Zahl relativiert sich das positive Bild allerdings.

So ist die hohe Erwerbsbeteiligung von Frauen mit einem Anstieg der Teilzeitarbeit verbunden. Die Hälfte aller erwerbstätigen Frauen ist teilzeiterwerbstätig, bei den berufstätigen Müttern liegt der Anteil sogar bei 80 %.[32] Im Zeitraum von 1978-80 arbeiteten nur 23 % der berufstätigen Frauen ganztags.[33] Die starke Ausdehnung der Teilzeitarbeit wird durch die, mit ihr verbundenen guten Sozialleistungen und die rechtliche Absicherung begünstigt. Doch damit einher geht auch eine Beibehaltung der traditionellen Verteilung der Arbeit auf dem Arbeitsmarkt – die ge-

---

25 Gruppe Politik – Informationen am IIMV/Arbeitsmarktpolitik, 1982, S. 99 zitiert nach: Busch, G. u.a.: Den Männern die Hälfte der Familie den Frauen mehr Chancen im Beruf, Weinheim 1988, S.142

26 Ebd., S. 101 zitiert auf S. 142

27 Ebd., S. 130 zitiert auf S. 143

28 Im öffentlichen Dienst steht den Eltern das Recht bis zum zwölften Geburtstag des Kindes zu

29 Vgl., ebd. S. 125

30 Ebd., S. 130

31 Ericsson, Y.: Schweden. S. 304 in Bernardoni,C./Werner,V.: Ohne Seil und Haken. Frauen auf dem Weg nach oben. Deutsche Unesco Kommission, 1985

32 Vgl. Fußnote 24 , zitiert auf S. 144

33 Gelb, Joyce: Feminism and Politics." A comparative perspective". Berkley 1989, S. 143.

schlechtsspezifische Segregation auf dem Arbeitsmarkt ist in Schweden von allen OECD Ländern mit 82 % am höchsten[34] – und in der Familie. Der große Teil der Familienarbeit wird weiterhin von den Frauen übernommen.[35] Damit ist „Schweden also weniger ein Land, in dem die Gleichheit der Geschlechter studiert werden kann, als vielmehr ein Land, in dem Teilzeitlösungen studiert werden können."[36]

Daß der in Schweden durch die unterschiedlichen Maßnahmen und Gesetze angestrebte Wandel in der Gesellschaft noch weit hinter den Erwartungen zurückbleibt, zeigt einerseits, wie langwierig derartige Prozesse der Veränderung sind. Andererseits macht es aber auch deutlich, daß Frauenförderung im Erwerbsleben nur verbunden mit einer „Männerförderung" im Familienleben zu wirklicher Gleichberechtigung der Geschlechter führen kann. Schweden hat erste Schritte in dieser Richtung getan. Erst wenn eine steigende Anzahl von Männern die geschaffenen Möglichkeiten nutzen, werden die Frauen ihre Gleichberechtigung erreichen.[37] Denn es reicht nicht, „die Gleichstellung der Geschlechter auf Frauenfragen zu beschränken. Es ist nur logisch, daß eine Politik, die auf die gesamte Struktur gesellschaftlichen Lebens ausgerichtet ist, sich auch mit der Veränderung der Männerrolle befassen sollte."[38]

4. Verfassungsmäßigkeit oder Verfassungswidrigkeit von Frauenquoten – ein rechtswissenschaftlicher 'Dauerbrenner'

Bevor in der Bundesrepublik auch nur annähernd an die Frauenpolitik in Schweden angeknüpft werden kann, ist eine, die Rechtswissenschaft schon lange beschäftigende Frage zu klären: die Frage nach der Verfassungsmäßigkeit von Quotenregelungen als Maßnahme zur Förderung von Frauen.

34 Gefolgt von Großbritanien mit 78 % , zitiert nach ebd. S. 143

35 1980 nahmen 10 % der Väter von Familien in denen beide Elternteile berufstätig sind den Elternurlaub in Anspruch, allerdings nur 2 % der ihnen zustehenden Tage (d.h. ungefähr 5 von 180 Tagen!) vgl., Busch, G, a.a.O., S. 145

36 Zitiert nach: Busch, G. u.a., a.a.O., S. 144

37 Die Beteiligung von Vätern an solchen Maßnahmen ist bis 1979 gestiegen, stagniert aber seitdem. Der Elternurlaub wird in der Mehrzahl von Vätern der oberen Schichten und der im öffentlichen Dienst Beschäftigten in Anspruch genommen, eine Tendenz die auch für geteilte Elternschaft in der BRD festgestellt wurde. Schöpp-Schilling, H.: Rückkehr der Väter in die Familie? Erfahrungen aus USA und Schweden, in: Informationen für die Frau 32,4/1983, S. 9-12. zitiert nach: Busch, G.: a.a.O., S. 145

38 Ericsson, Y., a.a.O., S. 315

Die Entscheidung des Bundesverfassungsgerichtes (BVerfG) über die Verfassungsmäßigkeit des Frauenförderungsgesetzes in Nordrhein-Westfalen, wird ein wichtiger Schritt in diese Richtung sein[39], da damit eine Rechtsgrundlage für oder gegen Quoten geschaffen wird, auf die politische Maßnahmen und weitere gesetzliche Regelungen aufgebaut werden können und müssen. Denn da eine eindeutige Stellungnahme des BVerfG zur Verfassungsmäßigkeit von Quotenregelungen bisher nicht vorliegt, bleiben viele Förderpläne oder Gesetzentwürfe nicht nur vage und damit schwach in ihrer Wirkung, sondern sind auch leicht anfechtbar, was anhand des FFGs exemplarisch gezeigt wird.

4.1 Politische Argumentationsebene

Neben der gewichtigen Frage nach der Verfassungsmäßigkeit von Quotenregelungen, auf die deshalb näher eingegangen wird, gibt es zahlreiche Einwände, die eher auf politischer, als auf verfassungsrechtlicher Ebene anzusiedeln sind. Sie sind aber an dieser Stelle zu erwähnen, da sie oft – auf unterschiedlichste Weise – mit den verfassungsrechtlichen Argumenten verknüpft, vorgebracht werden.

Die Einstellung, daß Quotenregelungen nicht notwendig seien, da „Artikel 3 Abs. 2 GG im großen und ganzen verwirklicht ist“[40], und Frauen nicht mehr diskriminiert würden, ist schnell zu entkräften. Hier bleibt die „strukturelle Diskriminierung“ unberücksichtigt, nach der von der Diskriminierung eines Geschlechts ausgegangen werden kann, wenn „eine signifikante Diskrepanz, der in einer Funktionsgruppe oder einem Berufsbereich vertretenen Männer und Frauen“[41] festgestellt wird. Eine für die Führungsebenen in allen Bereichen bestehenden Tatsache.

Auch die Angst vor sozialem Unfriede wird gegen Quotierung angeführt. So berechtigt diese Angst ist, so wenig kann sie als Begründung einer weiteren Vorenthaltung der Macht für Frauen akzeptiert werden. Denn, daß durch eine Quotierung gerade auch in leitenden Positionen Macht umverteilt wird, und zwar im „Nullsummenspiel“ steht außer Frage.[42]

---

39 Das BVerfG ist im Oktober 1990 vom Oberverwaltungsgericht Münster angerufen worden, über die Vereinbarkeit des FFG mit der Verfassung zu entscheiden. Die Entscheidung des BVerfG steht noch aus. Stand: Mai 1995

40 Schmitt-Glaeser W., a.a.O., S. 19

41 Die Formen dieser Diskriminierung sind sehr vielfältig und deshalb auch schwer meß- und nachweisbar. Benda, E.,a.a.O., S. 8

42 Der Ausdruck lehnt sich an den Begriff der „Nullsummengesellschaft“an, der 1980 von Lester C. Thurow in seinem Buch „The Zero Sum Society“, New York 1980, dtsch. Die Null-Summen-Gesellschaft, München 1980 geprägt wurde. Auf die Geschlechterproblematik übertragen bedeutet das, daß ein Machtgewinn von Frauen zwangsläufig mit einem Machtverlust der Männer einhergeht.

Die „Da könnten ja alle kommen“[43] Einschätzung, die befürchtet, daß nach den Frauen auch andere Gruppen[44] eine Quote zu ihren Gunsten verlangen würden, muß nicht weiter kommentiert werden.

Schließlich ist, unter den nicht verfassungsrechtlichen Argumenten gegen Quotierung die Sorge – die durchaus auch von Feministinnen geäußert wird – zu nennen, daß die Quote den Frauen mehr Schaden als Nutzen bringe.[45] Ausgangspunkt dieser Einschätzung ist die Vorstellung, daß „Quotenregelungen patriarchalisch gewährt werden“[46] und keine Gleichstellung der Frauen, sondern vielmehr die Förderung der Anpassung des „schwachen“ an das „starke“ Geschlecht betrieben wird. Ferner erleben „Quotenfrauen“ eine neue Art der Diskriminierung, in dem ihnen 'a priori', die ihrer Position entsprechende Qualifikation abgesprochen wird. Die „Quotenfrau“ wird zum Dequalifizierungsbegriff, da angenommen wird, daß die Frau mit Hilfe der Quote, und nicht primär durch Leistung ihre Position erreicht hat.[47]

4.2 *Verfassungsrechtliche Ebene*

Die verfassungsrechtlichen Bedenken gegen Quotierung zugunsten von Frauen beziehen sich auf unterschiedliche Artikel des Grundgesetzes, von denen die beiden für die Diskussion am wichtigsten erscheinenden im Folgenden erläutert werden.[48]

4.2.1 Allgemeines Diskriminierungsverbot

Artikel 3 GG ist, wie unter Kapitel II schon angedeutet wurde, das zentrale Grundrecht für die Gleichberechtigung der Frau. Die Diskussion darüber, ob es einen Verfassungsauftrag enthält, demzufolge Legislative und Exekutive verpflich-

---

43 Zitiert nach Pfarr, H.: Herausforderung und Konsequenz von Frauenförderplänen, S. 17 in: Hessendienst der Staatskanzlei Hrsg.: „Quotierung Reizwort oder Lösung“. Expertenanhörung der Hessischen Landesregierung am 2. Mai 1985, S. 8-39

44 Z.B. Protestanten oder Katholiken, Zigeuner, Nichteheliche etc., Schmitt-Glaeser, W., a.a.O., S. 46. Weiter stellt er die Frage, ob bei gleicher Qualifikation „der katholische Zigeuner unehelicher Abstammung oder die protestantische Frau aus adeligem Hause“ eingestellt werden soll. ebda. S. 47

45 So u.a. Haug, F.: Zur politischen Ökonomie der Frauen-Quote, in: Das Argument Sonderband „Quotierungserfahrungen“, 180/1990, S. 343, Gerhard, U.: Über gegenwärtige und historische Erfahrungen der Frauen mit Recht, in Gesellschaft. Beiträge zur Marxschen Theorie 14, Frankfutt 1981, S. 139-167

46 Pfarr, H., a.a.O., S. 18

47 Diese Einschätzung von „Quotenfrauen“ ist weit verbreitet, obgleich durch die Forderung von „gleicher Leistung“ nur sehr gut qualifizierte Frauen überhaupt in den 'Genuß' einer Quote kommen können. (siehe dazu unter 4.2.3 Qualifikation – mehr als die Summe ihrer Teile?)

48 Zu den möglichen Artikeln, die durch Frauenförderungsmaßnahmen tangiert werden könnten, siehe Pfarr, H., Quoten und Grundgesetz, Baden-Baden 1988, S. 85

tet sind, die Gleichberechtigung der Geschlechter voranzutreiben, ist dabei aber nur ein Aspekt dieses „Supergrundrechts".[49]

Denn, wird in ihm nicht ein „einseitig auf die Gruppe der Frauen bezogener und ausschließlich zu ihren Gunsten normierter Verfassungsauftrag zur Anhebung ihrer rechtlichen und tatsächlichen Stellung auf den Status des Mannes gesehen"[50], sondern es abstrakt auf beide Geschlechter bezogen verstanden,[51] so läßt sich ein Diskriminierungsverbot auch gegen Quotenregelungen wenden. „Umgekehrte Diskriminierung"[52] ist das Schlagwort, mit der Quotierung zugunsten von Frauen abgelehnt wird. Die Förderung von Frauen durch Quotenregelungen darf demzufolge nicht durch eine Benachteiligung von Männern durchgesetzt werden, da derartige Maßnahmen dem Gleichbehandlungsgebot eindeutig widersprächen.[53] Dabei wird aber die unterschiedliche Ausgangslage von Männer und Frauen nicht in Betracht gezogen. Das Gleichbehandlungsprinzip geht von einer tatsächlichen Gleichbehandlung der betroffenen Personen aus. Im Falle der Frauen aber, die nachweislich jahrhundertelang diskriminiert wurden und noch werden, ist es absurd von einer, den Männern gleichen Ausgangslage auszugehen. *Pfarr* setzt hier mit der Unterscheidung zwischen verteilender und austeilender Gerechtigkeit ein.[54] Solange ein „beharrliches und die Gerechtigkeit verletzendes Defizit festgestellt wird, (...) ist das Gleichbehandlungsprinzip der verteilenden Gerechtigkeit, wenn und solange kompensiert werden muß und soll, eben nicht „gerecht", die Ungleichbehandlung, die „Bevorzugung" oder „Benachteiligung" nicht Unrecht."[55] Wie auch *Hohmann-Dennhardt*[56] hält sie deshalb die differenzierte Anwendung von Quoten für durchaus mit dem Grundgesetz vereinbar.

Benda hingegen, versteht Frauenförderung als Sozialpolitik und leitet deren verfassungsrechtliche Legitimität aus dem Sozialstaatsprinzip ab, weshalb er auch die soziale Bedürftigkeit von Bewerbern in Betracht ziehen muß. Deshalb vertritt er, im Gegensatz zu den obengenannten Juristinnen, nicht einen kollektivrechtlichen Ansatz, „wonach, die faktische Gleichberechtigung zwischen Mann und Frau selbständige Gerechtigkeitserfordernis ist, die sich aus dem gemeinsamen Sozialschick-

---

49 Slupik, V.: Verrechtlichung der Frauenfrage – Befriedigungspolitik oder Emanzipationschance? in: Kritische Justiz, 1982, S. 349

50 Slupik, V.: Die Entscheidung des Grundgesetzes für Parität im Geschlechterverhältnis, Berlin 1988, S. 77

51 So Benda, E., a.a.O., S. 156

52 Dieser Begriff der „reversed discrimination" kommt aus den USA, wo Männer gegen bestehende Quotenregelungen geklagt haben, da sie darin eine Diskriminierung auf Grund ihres Geschlechtes als Mann sahen.

53 So z.B. Schmitt-Glaeser, W., a.a.O., S. 33 ff

54 Ihr Vorgehen begründet sich auf die Vorstellung von Gleichheit, wie sie unter Teil II.2 ausführlich erläutert wurde, siehe Seite 9 ff

55 Pfarr, H., a.a.O., S. 19

56 Hohmann-Dennhardt, Ch.: Antidiskriminierung contra Grundgesetz, in: Zeitschrift für Rechtspolitik, Nr. 10, 1979, S. 247 f

sal der Gruppe der Frauen herleitet"[57], sondern den individualrechtlichen, demzufolge im Einzelfall abzuwägen ist, ob bei einer Entscheidung zwischen einem Bewerber und einer Bewerberin – mit gleicher Qualifikation – diese mit dem Ziel der Frauenförderung eingestellt werden soll, oder aber gewichtige soziale Gründe für die Einstellung des Bewerbers sprechen.[58] Damit bleibt aber die Auslegung der, durch den 'Qualifikationsbegriff' ohnehin schon 'extrem flexiblen' Quote noch stärker dem Ermessen einzelner Personalentscheider überlassen.

Ein so verstandenes Diskriminierungsverbot endet in einem Teufelskreis: Durch effektive Frauenförderung werden Männer benachteiligt, unterbleibt sie aber, wird die bestehende Benachteiligung der Frauen zementiert.

4.2.2 Das Leistungsprinzip im öffentlichen Dienst

Das Leistungsprinzip ist im Falle des öffentlichen Dienstes verfassungsrechtlich verankert.

Artikel 33 GG besagt, daß „jeder Deutsche nach seiner Eignung, Befähigung und fachlichen Leistung gleichen Zugang zu jedem öffentlichen Amt hat."[59]

Das Kriterium Eignung umfaßt die gesamte Persönlichkeit des Berwerbers/der Berwerberin mit allen charakterlichen und psychischen Eigenschaften, während Befähigung, Ausbildungsergebnisse, sowie das für die betreffende Stelle erforderliche Wissen und Können beinhaltet. Unter fachlicher Leistung werden schließlich die Berufserfahrung und Arbeitsergebnisse zusammengefaßt. Alle drei Kriterien ergeben die Qualifikation, der in Diskussionen im allgemeinen verwendete Terminus.

Bevor nun aber auf die herrschende Qualifikatonsdebatte eingegangen wird, sollen ein paar kritische Anmerkungen zum Qualifikationsbegriff den Blick, für die ihm innewohnenden Schwierigkeiten schärfen.

4.2.3 Qualifikation, mehr als die Summe ihrer Teile?

Nach der obengenannte Definition von Qualifikation, scheint sie auf klare Kriterien rückführbar, und damit auch eine objektive Größe zu sein, die auf Männer wie auch auf Frauen angewandt werden kann. Bei näherer Betrachtung aber zeigt sich, daß sie als eine von gesellschaftlichen Wertvorstellungen geprägte Größe keineswegs beide Geschlechter gleichermaßen betrifft. Da die meisten Entscheidungskremien von Männer besetzt sind , sind die Qualifikationsanforderungen auch von Männern definiert und auf Männer ausgerichtet. Es werden größtenteils Eigenschaften gefordert, die in der Sozialisation durch Gesellschaft, Schule, und Familie eher Männern als Frauen vermittelt wurden. So ist es durchaus möglich, daß eine Frau auf Grund geringerer Durchsetzungsfähigkeit gegenüber ihrem männlichen Mitbewerber das Nachsehen hat, ebenso kann es aber auch sein, daß ihr dieses Defizit

57 Slupik, V., a.a.O., S. 95
58 Benda, E., a.a.O., S. 157
59 Grundgesetz, a.a.O., S. 34

einfach auf Grund der traditionellen Geschlechterrollen 'a priori' zugewiesen und ihre Nichteinstellung damit begründet wird.

Ferner 'sind' Frauen, als potentielle Mütter, oft schon bei der Bewerbung in Befürchtung einer eventuellen Schwangerschaft für eine Position weniger geeignet, als *der* Bewerber.

Das Kriterium der Mutterschaft und die damit verbundene Familienplanung benachteiligt Frauen in mehrerer Hinsicht. Ununterbrochene Vollzeiterwerbstätigkeit, Altersgrenzen oder Mobilitätsanforderungen können Frauen bisher nicht in dem Maße erfüllen wie Männer. So beträgt die Altersgrenze im öffentlichen Dienst derzeit 32 Jahre, und Frauen, die Kinder geboren und erzogen haben, sind von dieser Beschränkung in weitaus stärkerem Maße betroffen als Männer. Auf Grund der bestehenden Zuordnung der Familienarbeit an die Frau und der Erwerbsarbeit an den Mann, verschlechtert die Frau mit der Gründung einer Familie ihre Berufschancen, indem sie – entweder durch Teilzeitarbeit, durch vorübergehende Berufsunterbrechung, oder durch die Doppelbelastung von Beruf und Familie – ihre Chancen auf dem Arbeitsmarkt erheblich senkt, während der Mann ob mit oder ohne Familie weiter auf der Karriereleiter nach oben klettern kann.[60]

Solange die bestehenden Qualifikationsanforderungen also nicht grundlegend revidiert, und auch Kriterien wie Erziehungszeiten, oder Pflege von älteren Angehörigen positiv bewertet werden, wird sich an der bestehenden Situation für Frauen nur wenig ändern. Denn solange die geschlechtsspezifische Arbeitsteilung nicht aufgebrochen wird, und alleine männliche Lebenszusammenhänge berücksichtigt werden, wird die Gebärfähigkeit von Frauen als negatives Beurteilungskriterium bestehen bleiben.

4.2.4 'Leistung contra Quote'

Selbst wenn aber der herrschende Qualifikatonsbegriff als solcher anerkannt wird, ist die Befürchtung, daß weniger qualifizierte Frauen besser qualifizierten Männern vorgezogen würden, höchstens für die Gruppe der starren Quoten nachvollziehbar, denenzufolge Frauen eine feste Anzahl von Positionen eingeräumt werden. Aber auch starre Quoten setzen bestimmte Leistungen voraus. Erst nach der Feststellung einer Mindestqualifikation tritt die Quote in Kraft.

Bei Ergebnisquoten liegt schon deshalb keine Durchbrechung des Leistungsprinzips vor, weil ein Leistungsvergleich auf Grund der, den Geschlechtern zugeordneten Einstellungskontingente gar nicht möglich ist. Die Einstellungsbehörde hat lediglich die Bewerbungen eines Geschlechtes zu vergleichen, um die dafür bestimmten Stellen zu besetzen.[61]

---

60 Im Gegenteil ist die Gründung einer Familie für die meisten Männer nur von Vorteil, da die Frau, auf Grund der Kinderbetreuung ans Haus gebunden, und somit automatisch auch für die tägliche Hausarbeiten zuständig ist, die der Mann, würde er alleine leben, neben seinem Beruf noch zu erledigen hätte.

61 Vgl., Slupik, V., a.a.O., S. 129

Und bei Entscheidungsquoten ist die vorrangige Berücksichtigung von Frauen bei gleicher oder gleichwertiger Qualifikation Ausgangspunkt.

Die Gefahr einer Bevorzugung von minderqualifizierten Frauen gegenüber besserqualifizierten Männern besteht somit bei keiner Quotenform.

Zumal Frauen „überwältigend höher qualifiziert sein müssen als männliche Mitbewerber – aber auch wieder nicht „Überqualifiziert"– so daß das Bestreiten der „gleichen Qualifikation" nicht mehr möglich ist." Und da „diese Konstellation nur in Ausnahmefällen gegeben ist"[62], ist eine numerische Benachteiligung der Männer nicht in Sicht.

So hat *Ernst Benda* aus dem bescheidenen Anstieg des Frauenanteils durch das Frauenförderungsgesetz in Hamburg (0,2%) den Schluß gezogen: „daß die Frauenförderungsrichtlinie nicht zu tiefgreifenden Veränderungen und damit auch nicht zu den an den Einstellungsergebnissen ablesbaren Diskriminierungen von Männern geführt hat" und, deshalb „in ihrer praktischen Handhabung geeignet ist, Vorurteile gegenüber der Einstellung und Beförderung von Frauen ... abzubauen, daß sie jedoch nicht geeignet ist, die Befürchtung einer „umgekehrten Diskriminierung" in der praktischen Anwendung zu untermauern."[63]

Da es das Ziel von Frauenförderung aber nicht sein sollte Argumente, wie das einer umgekehrten Diskriminierung durch ihre Wirkungslosigkeit zu entkräften, sondern vielmehr gesellschaftliche Veränderung zu erreichen, ist Frauenförderung nur mit einer Umverteilung von Positionen und damit von Macht, effektiv.

Einen einfachen Weg, zur Lösung aller verfassungsrechtlichen Bedenken gegen Quoten führt *Garbe-Emden* an. Was die Quotierung von Ausbildungsplätzen[64] betrifft, so sieht sie weder in der starren noch in der leistungsbezogenen Quote einen Eingriff in Artikel 3 GG. „Im Gegenteil, sie würde der Vorschrift gerade dadurch Rechnung tragen, daß sie die vorhandenen Ausbildungsplätze gleichmäßig auf beide Geschlechter verteilt."[65] Auch das Argument der umgekehrten Diskriminierung läßt sich auf diese Art entkräften: Starre Quoten – wie sie z.B. schon im Hochschulrahmengesetz festgelegt sind um AusländerInnen einen bestimmten Prozentsatz der Studienplätze zu garantieren – verhindern eine individuelle Konkurrenzsituation. „Starre Quoten schaffen in diesem Sinne einen „geteilten" Arbeitsmarkt, der Konkurrenzsituationen gar nicht erst entstehen läßt, da jedes Geschlecht nur innerhalb des im Gesetz vorgesehenen Ausbildungsplatzanteils die Möglichkeit der Bewerbung offensteht, jedenfalls dann, wenn genügend BewerberInnen vorhanden sind."[66]

62 Pfarr, H., in: Expertenanhörung, a.a.O., S. 15

63 Benda, E.,a.a.O., S. 33

64 Die Quotierung von Ausbildungsplätzen wird in Juristenkreisen generell als weniger bedenklich eingeschätzt als von Erwerbsarbeitsplätzen.

65 Garbe-Emden, K.: Gleichberechtigung durch Gesetz. Ziele, Ausgestaltung und verfassungsrechtliche Probleme eines Antidiskriminierungsgesetzes. Dissertation, Hannover 1984, S. 160

66 Ebd., S. 161

5. Quotierung – auf dem Weg zum Ziel?

Quotierung scheint, auf Grund der mangelnden Wirksamkeit der bisher erprobten Maßnahmen zur Verwirklichung der Gleichberechtigung zwischen Mann und Frau, gegenwärtig die letzte Möglichkeit diesem Ziel näherzukommen. Doch ähnlich wie bei den zuvor beschriebenen Maßnahmen liegt der „Teufel im Detail", d.h. die Wirksamkeit der Quotierung ist von vielen Faktoren ganz unterschiedlicher Art abhängig.

Selbst die strikteste Quotenform führt nicht zwangsläufig zu einer Steigerung des Frauenanteils in den so quotierten Bereichen, solange der bestehende Qualifikationsbegriff Männer begünstigt. Und da diese imperative Quote auf Grund verfassungsrechtlicher Bedenken nicht angewandt wird, scheint es fraglich, ob die flexibleren Quotenformen, auf die in der Politik zurückgegriffen wird, die von Frauen gewünschte Wirkung zeigen. Oder ob nicht vielmehr, solange es keine allgemeine gesellschaftliche Akzeptanz für diese Form der Frauenförderung gibt, eine Waffe verschlissen wird, bevor sie überhaupt zum Einsatz kommt, und damit nicht nur wirkungslos, sondern vielmehr kontraproduktiv wird.

V. Das Frauenförderungsgesetz von Nordrhein-Westfalen

Das Frauenförderungsgesetz (FFG) in Nordrhein-Westfalen wurde im Jahre 1989, als Folgekonzept auf das bis dahin vier Jahre bestehende Frauenförderungskonzept (FFK) verabschiedet. Auf Grund der damit gesammelten Erfahrungen erschien eine gesetzliche Grundlage der Frauenförderung sinnvoll, die auch eine Quotenregelung bei Stellenbesetzungen und Beförderungen beinhalten sollte.

1. Wegbereiter des Frauenförderungsgesetzes – das Frauenförderungskonzept von 1985

Das Frauenförderungskonzept ist das Ergebnis langjähriger Bemühungen der Leitstelle Frauenpolitik,[1] die die einzelnen darin enthaltenen Regelungen unabhängig voneinander erarbeitete, politisch umsetzte und schließlich in der Praxis durchführte, und damit eine Basis für die Entwicklung des Frauenförderungskonzeptes schuf. Aus den Erfahrungen lassen sich „wichtige Grundprinzipien"[2] ableiten, die auch für weitergehende Frauenförderungsmaßnahmen von Bedeutung sind. So wird deutlich, „wie langwierig der Prozeß ist, wie unterschiedlich die Verfahrensweisen und wie sehr sich Ansichten ändern können und zunächst als lächerlich,

---

1 Im Laufe der Jahre entstand daraus, mit zunehmender finanzieller und personeller Ausstattung, das Ministerium für Gleichstellung von Mann und Frau. vgl.: Anhang, Tabelle 1

2 Immenkötter, Mechthild: Frauenförderung aus der Sicht landespolitischer Erfahrungen. Am Beispiel: Frauenförderungskonzept für den öffentlichen Dienst des Landes Nordrhein-Westfalen. in: Däubler-Gmelin/Pfarr/Weg: „Mehr als nur gleicher Lohn." Hamburg, 1985. S. 176-181

undurchführbar, rechts-, ja verfassungwidrig bezeichnete Vorschläge dann doch allgemeinen Konsens finden können."[3]

Immenkötter zeigt anhand von drei Einzelbeispielen, wie schwierig die einzelnen Maßnahmen umzusetzen waren, gegen welche Widerstände angegangen werden mußte und wie selbstverständlich sie heute sind.

So schlug die Leitstelle Frauenpolitik schon 1979 der Landesregierung vor, ihre Stellenausschreibungen geschlechtsneutral zu formulieren. Die Einwände reichten von „Überflüssig" – Frauen seien bei der männlichen Bezeichnung selbstverständlich mitgemeint – über „lächerlich" – es sei eine Bagatelle – oder „zu bürokratisch" – da es schon zu viele Regelungen gebe bis zu „umständlich" – die Stellenausschreibungen würden zu lange. Und obwohl diese Regelung durch das EG-Anpassungsgesetz unterstützt und gestärkt wurde, und im Grunde nicht mehr ist als eine „Goodwill-Erklärung", waren wiederholte Initiativen notwendig, bis wirklich alle Landesbehörden die Regelung anwandten.

Ähnlich starke Widerstände rief auch die Forderung nach Einstellung von Frauen in die Schutzpolizei hervor, die schließlich 1982 durchgesetzt werden konnte. Heute, nach den positiven Erfahrungen mit den dort arbeitenden Frauen werden die anfänglichen Einwände gerne vergessen.

Mit der Gewährung von Teilzeitarbeitsplätzen auch in Vorgesetzten- und Leitungsfunktionen in Einzelfällen konnte schließlich ein weiterer Schritt in Richtung auf Gleichberechtigung im Berufsleben geschaffen werden.[4]

Der größte Erfolg der Leitstelle Frauenpolitik war aber schließlich die Beschließung des Frauenförderungskonzeptes im Mai 1985.[5]

Ziel des Frauenförderungskonzeptes ist „die Verbesserung der beruflichen Situation der weiblichen Beschäftigten im öffentlichen Dienst des Landes",[6] mit Hilfe der geschaffenen Richtlinien.

Die Richtlinien[7] betreffen Neueinstellungen ebenso wie Beförderungen und Höhergruppierungen von Frauen, Stellenausschreibungen, Teilzeitbeschäftigung, Fortbildung, die Wiederaufnahme der Berufstätigkeit nach Beurlaubung aus familiären Gründen und schließlich die Berichtspflicht,[8] anhand derer Erfolge und Mißerfolge der Richtlinien gemessen werden soll.

In Hinführung auf das Frauenförderungsgesetz sind Entwicklungen, Ergebnisse und Empfehlungen der beiden Berichte kurz zu skizzieren.

---

3 Ebd. S. 176

4 Vgl. ebd. S. 177

5 Siehe Anhang, Text 2

6 Vgl. Anhang, Text 3 (FFK) , 1. Absatz

7 Die Richtlinien werden bei Diskussion der beiden Berichte im einzelnen besprochen werden..

8 Auf die Empfehlungen wird im Rahmen der Besprechung der Berichte und im Vergleich des Frauenförderungskonzeptes mit dem Frauenförderungsgesetz im einzelnen eingegangen.

1.1 Der erste Bericht zum Frauenförderungskonzept

Der erste Bericht zum Frauenförderungskonzept wurde im Juni 1987 veröffentlicht.[9]

Er gilt für das Berichtsjahr 1985,[10] wobei aber zu berücksichtigen ist, daß auf Grund des Zeitpunktes der Verabschiedung des Frauenförderungskonzeptes – im Mai 1985 – nur die Personalentscheidungen des zweiten Halbjahres Schlußfolgerungen bezüglich der Auswirkungen des FFKs zulassen.

Der Bericht ist in drei große Teilbereiche untergliedert: die berufliche Situation im Landesdienst, Beruf und Familie, und die Instrumente zur Frauenförderung im öffentlichen Dienst, wobei jeder Bereich neben der Ist-Analyse, Empfehlungen für die Weiterentwicklung wirksamer Frauenförderung beinhaltet.

Bei der Analyse der *Einstellungen* zeichnet der Bericht ein heterogenes Bild. Während die Frauenanteile im mittleren und einfachen Dienst[11] durch Neueinstellungen erhöht werden konnten, nahmen sie im höheren und im gehobenen Dienst ab. Der im mittleren und einfachen Dienst konstatierte Anstieg beschränkt sich aber auf die untersten Vergütungsgruppen der jeweiligen Kategorien, wohingegen der Frauenanteil in den obersten gleichzeitig sank.[12]

Dieses Ergebnis führte die Parlamentarische Staatssekretärin zu dem Schluß, daß die bisherige Regelung des FFKs, die die „Einbeziehung von Frauen in Auswahlverfahren entsprechend ihrer Anteile an Bewerbungen fordert“[13], nicht ausreiche, und deshalb eine Regelung zur bevorzugten Einstellung von Frauen geschaffen werden müsse. Empfohlen wurde eine „leistungsbezogene Quotenregelung“, wonach „bei der Einstellung Frauen – bei gleicher Eignung, Befähigung und fachlicher Leistung wie männliche Bewerber – bevorzugt zu berücksichtigen sind, es sei denn, persönlich-soziale Gründe eines Mitbewerbers überwiegen.“ Ferner sei in allen Stellenausschreibungen auf das FFK hinzuweisen und Einstellungskriterien, Einstellungstests und Einstellungslehrgänge müßten daraufhin überprüft werden, ob sie diskriminierend wirken.[14]

Bei *Beförderungen und Höhergruppierungen* zeichnete die Datenanalyse ein durchweg negatives Bild. Vom mittleren Dienst abgesehen, wurde in keinem Besoldungsbereich der Frauenanteil bei Beförderungen oder Höhergruppierungen er-

---

9 Siehe Parlamentarische Staatsekretärin für die Gleichstellung von Frau und Mann beim Ministerpräsidenten des Landes Nordrhein Westfalen (Hrsg.): Erster Bericht zum Frauenförderungskonzept. Kurzfassung. Düsseldorf, Juni 1987

10 Der Bericht ist laut Punkt 7.1 des FFK jährlich abzulegen

11 Wenn im Folgenden als Großgruppe die Beamtinnen einer Laufbahngruppe genannt werden, so sind als Untergruppe immer auch die Angestellten der vergleichbaren Vergütungsgruppe beinhaltet.

12 Vgl. Anhang Text 4

13 Siehe Text 2, Absatz 1.1

14 Siehe Parlamentarische Staatsekretärin für die Gleichstellung von Frau und Mann beim Ministerpräsidenten des Landes Nordrhein Westfalen (Hrsg.): Erster Bericht zum Frauenförderungskonzept. Kurzfassung. Düsseldorf, Juni 1987, S. 15-17

höht. Einige Beispiele verdeutlichen dies eindrücklich: So sind „20 Beschäftigte von A 16 in den B-Besoldungsbereich aufgestiegen: 20 Männer, keine Frau und im B-Besoldungsbereich war unter 32 Beförderungen gerade eine Frau." In der R-Besoldungsgruppe mit 62 Stellen gibt es nicht eine Frau.[15] Die Analyse zeigt weiter, daß die Chancen beruflich aufzusteigen für Männer oft „doppelt so hoch sind" wie für Frauen und, daß in manchen Vergütungsgruppen" ausschließlich Männer höhergruppiert werden (BAT IIb, Ia + I)."[16]

Um dieser Entwicklung entgegenzuwirken, wurden über die bestehenden Richtlinien hinaus, nach der Frauen „bei gleicher Eignung, Befähigung und fachlicher Leistung wie männliche Bewerber, so berücksichtigt werden, daß sie in *angemessenem* (Herv.: C.L.) Zeitraum in allen Ämtern (...) entsprechend ihrem Anteil in der jeweiligen Laufbahngruppe (...) vertreten sind"[17] – eine Reihe von Vorschlägen gemacht:

- „mehr Angebote zur Information und Beratung von Frauen über die Möglichkeiten und Bedingungen eines beruflichen Aufstieges zu schaffen
- die Normen, Kriterien und Bedingungen zu verändern, die immer noch die ungleichen Chancen bei der Berufs- und Karriereentwicklung verursachen
- die Kinderbetreuungs- und Familienaufgaben noch besser laufbahnrechtlich zu berücksichtigen
- diejenigen, die über Beförderung und Höhergruppierungen entscheiden, besser über vorhandene Diskriminierung aufzuklären
- eine Regelung für den beruflichen Aufstieg in das FFK aufzunehmen, der sich an der leistungsbezogenen Quotierungsregelung orientiert
- die Informationen über die Berufs- und Aufstiegsverläufe von Frauen im Vergleich zu Männern in den verschiedenen Beschäftigungsbereichen zu verbessern."[18].

Vorschläge, die aber von der Forderung einer Anlehnung an die leistungsbezogene Quotierung auch für den beruflichen Aufstieg abgesehen, sehr vage bleiben. Konkrete Empfehlungen gab es nicht. Wie lange ist der angemessene Zeitraum, in dem Frauen in den einzelnen Bereichen ensprechend repräsentiert sein sollen? Bedeutet eine Veränderung der „Normen, Kriterien und Bedingungen, die immer noch die ungleichen Chancen bei der Berufs- und Karriereentwicklung verursachen" die Forderung nach einem veränderten Qualifikationsbegriff? Und welche Möglichkeiten können konkret geschaffen werden, um „Kinderbetreuungs- und Familienaufgaben noch besser laufbahnrechtlich zu berücksichtigen"? Fragen, die aufgeworfen werden, aber unbeantwortet bleiben.

---

15 Ebd. S. 18-20

16 Ebd. S. 21

17 Text 2, Punkt 1.2.

18 Erster Bericht, a.a.O., S. 22

Die Bestandsaufnahme im Bereich Ausbildung und Fortbildung bestätigte die allgemeinen Tatsache, daß in Büro- und Verwaltungsberufen[19], ebenso wie im Krankenpflegedienst, die weiblichen Auszubildenden die überwiegende Mehrheit stellen (84 bzw. 76 %), während in gewerblich-technischen Berufen die männlichen Auszubildenden überwiegen (88 %).

Um eine Änderung zu erzielen wurde deshalb eine 50 %-Quotierung im gewerblich-technischen Sektor empfohlen, die als Stufenplan über mehrere Jahre hinweg verwirklicht werden könnte. Dabei solle aber nicht stehengeblieben, sondern langfristig sollen auch die Büro- und Verwaltungsberufe „für Jungen geöffnet werden".[20] Auch ist die, als wichtiger Faktor für Frauenförderung gesehene Fortbildungsbeteiligung von Frauen zu erhöhen, weshalb eine Analyse der Rahmenbedingungen notwendig sei.[21]

Teilzeit und *Beurlaubung* sind Themen des zweiten Bereichs Beruf und Familie.

Die Anträge auf Teilzeitarbeit und Beurlaubung wurden von Frauen im mittleren und gehobenen Dienst gestellt, während es weder im einfachen Dienst, noch in den B-Besoldungsbereichen Anträge gab. Eine Übersicht über die Nachfrage nach Teilzeitarbeit[22] war laut Bericht auf Grund der schlechten Datenlage nicht möglich, weshalb intensivere Untersuchungen zum Bereich der Teilzeitarbeit gefordert wurden, ebenso wie die Möglichkeiten von Teilzeitarbeit in qualifizierteren Positionen ausgebaut werden müßten.[23]

Auch im Falle der beruflichen Wiedereingliederung bei *Beurlaubungen* aus familiären Gründen wurde die fehlende Datenbasis bemängelt, die eine Wirkungseinschätzung des FFKs nicht zulasse und weshalb differenzierte Untersuchungen zum Thema Beurlaubungen anzustellen seien.[24] Erst dann könne das im FFK vorgesehene Instrumentarium zurr beruflichen Wiedereingliederung weiterentwickelt und konkretisiert werden. Als wichtige Instrumente zur Frauenförderung im öffentlichen Dienst wurden die Arbeit der Gleichstellungsbeauftragten, frauenfördernde und informelle Kommunikation um das FFK genannt. Die Gleichstellungsbeauftragten haben insofern eine entscheidende Funktion, als sie in den einzelnen Behörden die Umsetzung des FFKs überprüfen können und sollen. Die dafür notwendige klare Kompetenzzuschreibung, wird im Bericht ebenso gefordert, wie eine perso-

---

19 Die „Vorherrschaft" der Frauen bezieht sich allerdings nur auf den mittleren Dienst. Zahlen für das Verhältnis von weiblichen und männlichen Auszubildenden im gehobenen und höheren Dienst liegen nicht vor. ebd. S. 23

20 Ebd. S. 24

21 Als besonders wichtig wird Fortbildung im Bereich des Schreibdienstes angesehen, weshalb modelhaft erprobt werden soll, wie neue qualifizierte und verantwortungsvollere Arbeitsplätze für die Mitarbeiterinnen geschaffen werden können. Ebd. S. 26

22 Bisher sind lauf FFK den „Teilzeitbeschäftigten die gleichen beruflichen Entwicklungs- und Fortbildungschancen einzuräumen wie Vollzeitbeschäftigten", indem die organisatorischen Rahmenbedingungen für Teilzeitbeschäftigung geschaffen werden. Vgl. Text 2, Abschnitt 3

23 Ebd. S. 30

24 Ebd. S. 32

nelle und sachliche Ausstattung. Ebenso wird die Bildung eines interministeriellen Ausschusses der Gleichstellungsbeauftragten unter der Federführung der Parlamentarischen Staatssekretärin für die Gleichstellung von Frau und Mann empfohlen,[25] und die Erstellung von Frauenförderplänen für die Ministerien und deren nachgeordnete Dienststellen, da damit auf die Verhältnisse vor Ort eingegangen werden kann, und die Akzeptanz der Personalentscheider gegenüber des eigen aufgestellen Plans positiv eingeschätzt wird.

Was schließlich das Frauenförderungskonzept selbst betrifft, wird eine bessere Informierung der einzelnen Dienststellen, ebenso wie betroffener Einzelpersonen als notwendig erachtet, da das Wissen um das FFK Basis für seinen Erfolg ist. Aufgrund der langwierigen Datenerhebung und um Entwicklungen besser sichtbar machen zu können wird schließlich empfohlen, den Berichtszeitraum von einem auf zwei Jahre zu verlängern.[26]

Zusammenfassend kam der Bericht zu dem Ergebnis, daß zwar bei den Einstellungen erste positive Ansätze[27] bei der Umsetzung des FFK zu verzeichnen, in vielen anderen Bereichen aber – wie bei Beförderungen und Höhergruppierungen – Frauen aber noch erheblich benachteiligt seien, und deshalb neben den ganzen gegebenen Empfehlungen, die Quotierung bei Einstellungen und Beförderugen und bei der Vergabe von Ausbildungsplätzen eine zentrale Forderung sei.

1.2 Der zweite Bericht zum Frauenförderungskonzept

Auf die Ergebnisse des ersten Berichtes zum Frauenförderungskonzeptes und den daraus resultierenden Empfehlungen hat die Landesregierung aufbauende Maßnahmen zur Frauenförderung beschlossen.

So haben gemäß Kabinettsbeschluß vom 9.6.87 alle Ministerien der Landesregierung für ihren Bereich Gleichstellungsbeauftragte benannt, der interministerielle Ausschuß, in dem die Gleichstellungsbeauftragten – mit der parlamentarischen Staatssektretärin als Vorsitzender – die Umsetzung der Frauenförderungsmaßnahmen koordinieren, wurde gebildet, und schließlich wurde der Berichtszeitraum des FFKs von einem auf zwei Jahre verlängert.

Der Gesetzentwurf „zur Förderung der beruflichen Chancen für Frauen im öffentlichen Dienst“ (Frauenförderungsgesetz, FFG), der im März 1988 vorgestellt wurde, war schließlich die weitreichendste Neuerung, da erstmals die Forderung einer Quotierung aufgenommen wurde.

Im Juli 1989 erschien der *zweite Bericht zum Frauenförderungskonzept* für den Erhebungszeitraum vom 1.1.86 – 31.12.87. Die Empfehlung im ersten Bericht, eine detaillierte Analyse der Situation der Frauen in der öffentlichen Verwaltung vorzu-

25 Ebd. S. 37

26 Ebd. S. 40

27 Ansätze deshalb, weil in Teilbereichen die absoluten Zahlen der beschäftigten Frauen gesunken sind. Vgl. Text 3

nehmen, wurde in der Form umgesetzt, daß die Daten der einzelnen Landesministerien getrennt aufgeführt und ausgewertet wurden.[28]

Die Aufteilung des zweiten Berichtes entspricht der im ersten Bericht, wobei zweiterer aber noch differenzierter ist. Nachdem zu Anfang des ersten Kapitels die Einstellungs- und Beförderungsentwicklung dargestellt wird, folgen die Bereiche Ausbildung, Teilzeitarbeit, Beurlaubungen und Fortbildung. Das zweite Kapitel beinhaltet eine weitere Aufschlüsselung der Daten in Form der Darstellung der einzelnen Geschäftbereiche, und die Empfehlungen für eine weitere frauenfördernde Personalpolitik schließen den Bericht ab.[29]

Was die *Einstellungspolitik* betrifft, so läßt sich im Berichtszeitraum für den gesamten Personalbestand der Landesregierung ein – bei einem Gesamtanstieg der Beschäftigten um 0,65 % – Anstieg des Frauenanteils unter den Beschäftigten um 0,2 % von 43,5% auf 43,7 % verzeichnen.[30]

In die einzelnen Vergütungsgruppen aufgeschlüsselt, ergibt sich folgendes Bild. „Im höheren Dienst stieg der Frauenanteil insgesamt an."[31] Diese positive Entwicklung wird wie folgt aufgeschlüsselt: Einem Anstieg der Frauen unter den BeamtInnen der Vergütungsgruppe A 13 um 1,8 % – von 36,0 auf 37,8 % – steht ein Rückgang des Frauenanteils in den Vergütungsgruppen A 14 um 0,2 % – von 24,8 auf 24,6 % – A 15 um 0,4 % – von 13,7 auf 13,3 % –, und der B-Besoldungsgruppen von 12 auf 11 (absolute Zahlen) gegenüber. Damit hat sich zwar die „Beschäftigungssituation für Frauen im höheren Dienst bei den Eingangsämtern zahlenmäßig verbessert. Bis auf die Besoldungsgruppe A 13 konnten die prozentualen Frauenanteile jedoch nicht gehalten werden."[32] Auch im Angestelltenbereich betraf die prozentuale Verbesserung des Frauenanteils nur die unteren Vergütungsgruppen.

Unter den BeamtInnen im gehobenen Dienst und Angestellten vergleichbarer Vergütungsgruppen, wo der Frauenanteil um 0,1 % sank – von 27 auf 26,9 %) sieht die Aufschlüsselung ähnlich aus. In den Besoldungsgruppen A 9 bis A 13 ist ein leichter Anstieg des Frauenanteils zu verzeichnen – z.B. 0,8 % in A 9) – während im Angestelltenbereich der Frauenanteil um 5,7% sank – mit 11,4 % am stärksten in der obersten Vergütungsgruppe Bat IV.[33]

Bei der Betrachtung, welche Positionen hinter den unterschiedlichen Besoldungsgruppe stehen, läßt sich schnell eine Erklärung für die hohe Zahl beschäftigter Frauen in A 13 finden. A 13 ist das Eingangsamt von Lehrerinnen und Lehrern. Und da der Beruf der Lehrerin einer der wenigen akademischen traditionellen Frau-

28 Deren detaillierte Nachzeichnung im Rahmen dieser Arbeit aber nicht notwendig ist.

29 Parlamentarische Staatssekretärin für die Gleichstellung von Frau und Mann beim Ministerpräsidenten des Landes Nordrhein-Westfalen (Hrsg.): Zweiter Bericht zum Frauenförderungskonzept. Düsseldorf, Juli 1989

30 Ebd. S. 12

31 Ebd. S. 12

32 Ebd. S. 16

33 Ebd. S. 30

enberufen ist, kann die hohe Zahl von Frauen im Eingangsamt A 13 nicht als Ergebnis von Frauenförderung gedeutet werden.

Für die Situation von Beamtinnen und Angestellten im mittleren Dienst gilt nach Aussagen des Berichtes, „daß pyramidenartig die Zahl der weiblichen Bediensteten zur höchsten Besoldungsgruppe hin immer geringer wird“[34] (der Frauenanteil verringerte sich von 47 % in A 5 auf 10,4 % in A 9), eine Aussage, die sich auch für den einfachen Dienst und die Arbeiterinnen machen läßt.[35]

Die Empfehlungen zur Weiterentwicklung des FFKs zur Erhöhung des Frauenanteils bei Einstellungen betreffen Stellenausschreibungen, Auswahlverfahren, Beurteilungen und die Wiederaufnahme der Berufstätigkeit nach Beurlaubung aus familiären Gründen.

So sollten Stellenausschreibungen neben dem Hinweis auf das FFK einen Zusatz aufnehmen," durch den Frauen besonders angesprochen werden.“[36] Ferner sollten freie Stellen des mittleren gehobenen und höheren Dienstes und vergleichbare Stellen des Angestelltenbereiches in allen Geschäftsbereichen, gegebenenfalls auch extern ausgeschrieben werden.

In das Auswahlverfahren – „das Raum für die Anwendung des (geplanten) Frauenförderungsgesetzes lassen soll“[37] – sind Frauen entsprechend ihres Anteils an den Bewerbungen in die Bewerbungsgespräche einzubeziehen, deren Auswahlkommission mindestens eine Frau angehören soll, die nicht zugleich als Mitglied der Personalvertretung an dem Gespräch teilnimmt. Auch die Beurteilungsrichtlinien, wesentlich für die Entscheidung bei Einstellungen und Beförderungen, sind den Empfehlungen zufolge so zu verändern, daß sie „Raum für das geplante Frauenförderungsgesetz lassen“. Ferner wurde empfohlen, als zusätzliches Beurteilungskriterium für verantwortliche Positionen das Engagement hinsichtlich einer Personalpolitik für Gleichstellung aufzunehmen.[38] Da Beurlaubungen aus familiären Gründen überwiegend von Frauen in Anspruch genommen werden, sind Beratungsgespräche zu Fragen der sozialen Absicherung, der Berufsplannung, Wiedereinstiegs-, ebenso wie Fortbildungsmöglichkeiten anzubieten.

Bei *Beförderungen und Höhergruppierungen* ergiebt sich ein weitaus uneinheitlicheres Bild.

Nach den Bestimmungen des FFKs sollen Frauen bei Beförderungen so berücksichtigt werden, daß sie in einem angemessenen Zeitraum auch in den obersten Besoldungsgruppen entsprechend ihres Anteils in der Laufbahngruppe vertreten sind. Für 1986 wurde für den Höheren Dienst ein Frauenanteil von 22,7 % errechnet. Der prozentuale Anteil der beförderten Beamtinnen für die Besoldungsgruppen A 13 bis A 16 lag im Berichtszeitraum aber nur zwischen 18,6 und 8,8 %. Auch im gehobe-

---

34 Ebd. S. 18

35 „Der prozentuale Anteil sinkt mit steigender Lohngruppe.“ Ebd. S. 23

36 Ebd. S. 224

37 Ebd. S. 225

38 Ebd. S. 227

nen Dienst entsprachen die Beförderungen und Höhergruppierungn nicht dem Frauenanteil der Laufbahngruppe, der z.B. bei Beamtinnen bei 54,7 % lag, de facto aber nur 24,9 % Frauen befördert wurden. Im mittleren Dienst lag der Beförderungsanteil von Frauen über dem Sollwert, wobei aber bei einer Aufschlüsselung nach Verdienstgruppen ersichtlich wird, daß primär in den mittleren Vergütungsgruppen Frauen befördert wurden. Im einfachen Dienst hatten Frauen einen Anteil von 49,3 %, während unter den ArbeiterInnen, mit einem Frauenanteil von 97,9 %, in der untersten Lohngruppe 2 nur 18,7 % Frauen höhergruppiert wurden.

Die insgesamt bescheidene Berücksichtigung von Frauen bei Beförderungen und Höhergruppierungen solle durch, wie schon bei den Einstellungen geforderte, veränderte Beurteilungskriterien erhöht werden. Diese sollten auch solche Verhaltensweisen enthalten, die eher Frauen zugewiesen werden, wie z.B. Kooperation und Kompromißfähigkeit, Fähigkeiten, die gerade im Verwaltungsbereich mehr und mehr gefordert sind.[39]

Im Berichtszeitraum arbeiteten 14,4 % der Beschäftigten *teilzeit*, davon waren wiederum 90 % Frauen. Während im B-Besoldungsbereich und in A 16 keine Anträge auf Teilzeitarbeit gestellt wurden, im höheren Dienst die Teilzeitbeschäftigten überwiegende den Besoldungsgruppen A 13 und A 14 angehören, und im mittleren und einfachen Dienst Teilzeitarbeit „bedeutungslos“[40] ist, befindet sich im gehobenen Dienst, die überwiegende Zahl der Teilzeitbeschäftigten mit 88 %.[41] Diese Zahl läßt sich, wieder einmal, mit den Lehrerinnen erklären, die einen großen Teil dieser Besoldungsgruppe ausmachen.

Obgleich Frauen Teilzeitarbeit annehmen, um die Mehrfachbelastung von Familie und Beruf einzudämmen, kann Teilzeitarbeit, wie im Bericht sehr deutlich gesagt wird, nicht als positiv für Frauen eingeschätzt werden. Denn gerade durch Teilzeitbeschäftigung wird die tradierte Zuweisung der Verantwortung für Familie und Haushalt an die Frau zementiert, und eine neue partnerschaftliche Aufgabenverteilung verhindert. Die teilzeitarbeitende Frau hat zudem häufig geringere Aufstiegs- und Weiterbildungsmöglichkeiten. Deshalb kann Teilzeit keine Lösung sein, sondern es müssen vielmehr Rahmenbedingungen – wie Ganztagskindergärten und -schulen – geschaffen werden, die einhergehend mit einer Verkürzung der allgemeinen täglichen Arbeitszeit langfristig zu einer gleichberechtigten Aufgabenteilung im Privat- und Berufsbereich führen.

Auch bei den *Beurlaubungen* zur Betreuung von Kindern[42] zeigt sich die traditionelle Rollenzuweisung. 97,4 % der Beurlaubten waren Frauen, der überwiegende

---

39 Ebd. S. 326

40 Ebd. S. 27

41 Ebd. S. 25

42 Neben der Beurlaubung zur Betreuung von Kindern gemäß § 85 a des Landesbeamtengesertzes (LGB)(, ist auch eine Beurlaubung aus arbeitsmarktpolitischen Gründen (78 LBG/ § 50 BAT i.V. § 78 b) möglich)

Anteil davon aus dem mittleren Dienst[43], womit die niedrige Zahl der im mittleren Dienst teilzeitarbeitenden Frauen erklärt ist.[44]

Bei der Beteiligung an *Fortbildungsmaßnahmen* zeigt die statistisches Erhebung ein gerade gegensätzliches Bild. Der Anteil von Frauen an Fortbildungsmaßnahmen lag erheblich unter ihrem Beschäftigungsanteil an der jeweiligen Laufbahngruppe. So betrug der Beschäftigungsanteil von Frauen im höheren Dienst 23,7 %, der Anteil an Fortbildungsmaßnahmen aber nur 15,8 %. Am extremsten war die Differenz im gehobenen Dienst, der mit einem Frauenanteil von 53,1 %, gerade 15,3 % ausmachte (im mittleren Dienst mit 42,8 % zu 15,2 %, und im einfachen Dienst mit 25, 2 % zu 4,2 %).[45]

Zusammenfassend wird im Bericht festgestellt, daß zwar der Frauenanteil unter den Beschäftigten insgesamt gestiegen ist, dennoch die Beschäftigungsstruktur „geschlechtsspezifisch geprägt“[46] sei.

Frauen sind innerhalb der unterschiedlichsten Besoldungs-, Vergütungs- und Lohngruppen überwiegend in den unteren Bereichen vertreten und werden auch bei Beförderungen und Höhergruppierungen in unzureichendem Maße berücksichtigt. Bei Teilzeitbeschäftigung und Beurlaubungen aus familiären Gründen hingegen bilden Frauen die absolute Mehrzahl, wodurch sich die bestehende Arbeitsteilung zwischen den Geschlechtern nicht abbauen läßt, sondern im Gegenteil gefestigt wird. All diese Ergebnisse zeigen, daß „nicht alle Maßnahmen des FFKs die erwünschte Wirkung gezeigt haben“,[47] und deshalb weitergehende Maßnahmen, wie sie in den Empfehlungen formuliert sind, ergriffen werden müssen.

1.3 Ergebnisse und Tendenzen

Die beiden Berichte sind in mehrfacher Weise aufschlußreich.

Ungeachtet, ob der Berichtszeitraum ein oder zwei Jahre betrug, ließen sich nur minimale Veränderungen bei Einstellungs- und Beförderungsverhalten der Personalentscheider gegenüber Frauen feststellen. Und bei einem Anstieg des Frauenanteils unter den Beschäftigten von 0,2 % stellt sich die Frage, ob dieser Anstieg auf gezielte Frauenförderung oder aber auf einen oder mehrere andere Faktoren zurückzuführen ist, die bei Einstellungen und Beförderungen mitbestimmend sind. Zumal, wenn im gleichen Zeitraum in anderen Bereichen ein Rückgang des Frauenanteils verzeichnet wurde. Damit scheint aber, bei der Messung des Erfolgs von Frauenförderungsmaßnahmen, der Rückgriff auf Erfolgszahlen wenig geeignet. Denn der

43 Vgl. dazu ebd. S. 29-31

44 Interresant wäre in diesem Zusammenhang die Untersuchung der Frage, weshalb im mittleren Dienst eher auf Beurlaubungen, als auf Teilzeit zurückgegriffen wird, während im höheren Dienst klar die Teilzeit den Vorrang hat.

45 Ebd. S. 32 oder Text Nr. 4

46 Ebd. S. 34

47 Ebd. S. 34

geringe Anstieg kann sowohl Gegner als auch Befürworter dazu veranlassen, Frauenförderungsmaßnahmen wegen ihrer geringen Wirksamkeit wieder ganz aufgeben zu wollen. Doch ist das sicher die falsche Konsequenz. Richtig ist es vielmehr, den Blick weniger auf die Ergebnisse der Maßnahmen, als vielmehr auf die Ursachen zu lenken, die diese Maßnahmen hemmen oder leerlaufen lassen und die Empfehlungen der Berichte zu Frauenförderunsmaßnahmen konsequent umzusetzen.

Auf die beiden besprochenen Berichte bezogen wären folgende Empfehlungen im Frauenförderungsgesetz zu berücksichtigen:

- leistungsbezogenen Quotenregelungen bei Einstellungen einzuführen
- mehr Angebote zur Information und Beratung von Frauen über die Möglichkeiten und Bedingungen eines beruflichen Aufstieges zu schaffen
- die Normen, Kriterien und Bedingungen zu verändern, die immer noch die ungleichen Chancen bei der Berufs- und Karriereentwicklung verursachen
- die Kinderbetreuungs- und Familienaufgaben besser laufbahnrechtlich zu berücksichtigen (Schaffung von Ganztagskindergärten und Schulen)
- diejenigen, die über Beförderung und Höhergruppierungen entscheiden, besser über vorhandene Diskriminierung aufzuklären
- eine Regelung für den beruflichen Aufstieg in das FFK aufzunehmen, der sich an der leistungsbezogenen Quotierungsregelung orientiert
- die Informationen über die Berufs- und Aufstiegsverläufe von Frauen im Vergleich zu Männern in den verschiedenen Beschäftigungsbereichen zu verbesssern.
- Das Auswahlsverfahren so zu gestalten, daß es Raum für die Anwendung des FFG läßt.
- frauenfördernde Personalpolitik als Beurteilungskriterium aufzunehmen
- allgemeine Veränderung der Beurteilungskriterien, mit stärkerer Berücksichtigung der Lebenswelt beider Geschlechter.

Unter all diesen Empfehlungen hat der Vorschlag der Schaffung einer Quotenregelung das meiste öffentliche Aufsehen erregt, und das nordrheinwestfälische Frauenförderungsgesetz über die Landesgrenzen hinaus bekannt gemacht. Die Betrachtung der genauen Ausgestaltung des Gesetzes zeigt aber, daß die Bedeutung der geschaffenen Quotenregelung oft falsch eingeschätzt wird.

2. Das Frauenförderungsgesetz (FFG)

Wie im Laufe der Arbeit anhand verschiedener Maßnahmen zur Frauenförderung immer wieder gezeigt werden konnte, ist deren Effektivität von einer Vielzahl unterschiedlicher Faktoren abhängig, wobei sich die Problematik um so komplexer darstellt, je umfassender die einzelne Maßnahme ist. Im Falle von Quotenregelungen sind nicht alleine die einzelnen Formen zu unterscheiden, sondern auch deren Akzeptanz in der Gesellschaft, ebenso wie ihre Einbindung in flankierende Maßnahmen zu ihrer Unterstützung.

Das Frauenförderungsgesetz ist deshalb auf vier zentrale Fragen hin zu untersuchen:

1. Inwieweit sind Empfehlungen des FFKs aufgenommen und umgesetzt worden?
2. Welche Veränderungen wurden auf Grund der Expertenanhörung oder bestehender Erfahrungen in anderen Ländern vorgenommen?
3. Welche Form der Quotierung enthält das FFG?
4. Wie wurden die in Verbindung mit Frauenförderungsmaßnahmen, und besonders der Quote besprochenen Problemfelder im FFG berücksichtigt?

2.1 Weiterentwicklung des Frauenförderungskonzeptes

Die wesentlichen Verbesserungen des FFGs gegenüber des FFKs liegen in den Regelungen zu Einstellungen und Beförderungen. Während laut FFK darauf zu achten ist, daß „Frauen bei entsprechender Qualifikation mindestens im Verhältnis ihres Anteils an den Bewerbungen einbezogen werden“[48], enthält Artikel 1, Absatz 4 des FFGs folgenden Wortlaut:“ Soweit im Zuständigkeitsbereich der Ernennungsbehörde in der angestrebten Laufbahn weniger Frauen als Männer sind, sind Frauen bei gleicher Eignung, Befähigung und fachlicher Leistung bevorzugt einzustellen, sofern nicht in der Person eines Mitberwerbers liegende Gründe überwiegen.“[49]. Die Empfehlung des Berichts auch für den Bereich der Beförderungen und Höhergruppierungen eine Quotenregelung einzuführen, wurde im FFG so umgesetzt: „Soweit im Bereich für die Beförderung zuständigen Behörde im jeweiligen Beförderungsamt der Laufbahn weniger Frauen als Männer sind, sind Frauen bei gleicher Eignung, Befähigung und fachlicher Leistung bevorzugt zu befördern, sofern nicht in der Person eines Mitbewerbers liegende Gründe überwiegen.“ Hingegen sollten laut FFK Frauen bei der Besetzung von höherwertigen Stellen so be-

48 Siehe Anhang Text 2

49 Vgl. Gesetz zur Förderung der beruflichen Chancen für Frauen im öffentlichen Dienst (Frauenförderungsgesetz – FFG) vom 31. Oktober 1989, Anhang, Text 5, Artikel 1.1

rücksichtigt werden, daß sie in einem angemessenem Zeitraum in allen Ämtern und Besoldungs- bzw. vergleichbaren Vergütungsgruppen entsprechend ihrem Anteil in den jeweiligen Laufbahngruppen vertreten sind.

Damit wurde den Ergebnissen der beiden Berichte Rechnung getragen, die gezeigt hatten, daß sich die Grundsätze des FFKs „nicht immer in konkretes Handeln umsetzen lassen“[50], was sicher unter anderem in den wenig konkreten Formulierungen begründet liegt. Denn diese ließen den Personalentscheider einen großen Entscheidungsspielraum. Die Einbeziehung von Frauen in die Auswahlverfahren für eine Stelle ist zwar eine notwendige Voraussetzung, um den Frauenanteil in den unterschiedlichen Bereichen zu erhöhen, mehr aber auch nicht. Es ist eine Basis für weitere konkrete Maßnahmen. Unterbleiben diese, ist die Einstellung der Frau, nichts weiter als eine Einzelentscheidung des Personalentscheiders, ebenso wie seine Einschätzung, was der „angemessener Zeitraum“ ist, in dem der Beschäftigtenanteil von Frauen und Männern gleich sein soll.

Aus der „Soll-Bestimmung“ des FFKs ist eine „Muß-Bestimmung“ im FFG geworden, derzufolge Frauen gegenüber Männern bevorzugt einzustellen sind, „sofern nicht in der Person eines Mitbewerbers liegende Gründe überwiegen.“ flankierende Maßnahmen zur Durchsetzung dieser Vorgabe werden im FFG nicht genannt. Auch bleibt der Bereich der Ausbildung, der noch im FFK beinhaltet ist, von einer ähnlichen Regelung ausgespart.

2.2 *Anhörung von Experten und Verbänden zum FFG*

Am 8. Mai 1989 veranstaltete die Landesregierung eine öffentliche Anhörung zum Entwurf des Frauenförderungsgesetzes.[51]

Die Stellungnahme der Juristen zur Einschätzung des Gesetzentwurfes[52] spiegelt die unterschiedlichen Meinungen zum Thema Quote wieder.

Die zwei Juristen *Prof. Benda* und *Prof. Battis*, ebenso wie ihre Kollegin *Dr. Slupik* befürworteten den Gesetzentwurf prinzipiell und schätzten ihn auch als verfassungsmäßig ein, wohingegen die beiden Juristen, *Prof. Stober* und *Dr. Kempen* den Entwurf aus formellen Gründen als verfassungswidrig ablehnten. Sie begründeten ihre Ablehnung nicht nur mit der Unvereinbarkeit des Gesetzes mit Art. 33,[53]

---

50 Erster Bericht zum Frauenförderungskonzept, a.a.O., S. 32

51 Landtag Nordrhein Westfalen (Hrsg), Ausschußprotokoll 10/1211: Protokoll der 13. Sitzung, Düsseldorf 1989. eine Zusammenfassung der Anhörung in Zimmermann-Schwartz, Claudia: Neues von der Frauenförderung, in: Nordrhein-Westfälische Verwaltungsblätter, 3, 1989, Nr. 11, S. 396-398

52 Vgl. Text 4 im Anhang, Landtag Nordrhein-Westfalen, 10. Wahlperiode, Drucksache 10/3849, Gesetzentwurf der Landesregierung, Gesetz zur Förderung der beruflichen Chancen für Frauen im öffentlichen Dienst (Frauenförderungsgesetz – FFG), Düsseldorf den 29.11.88

53 Vgl. Kapitel 4.2.2

sondern bezogen sich auch auf Artikel 611 a Bundesgesetzbuch (BGB)[54] und Artikel 7 des Beamtenrechtsrahmengesetzes (BRG), wonach die Ernennung von Beamten abschließend geregelt würde, und abweichende Regelungen – wie Artikel 1 des FFGs nichtig mache.[55]

Interessanter als die grundsätzliche Ablehnung des FFGs für die Weiterentwicklung des Gesetzentwurfs zum Gesetz sind die Stellungnahmen der Juristen, die zwar grundsätzlich das FFG begrüßen, in Einzelfragen dann aber Änderungen für notwendig oder sinnvoll halten.

So herrscht zwischen *Prof. Benda, Dr. Slupik* und *Prof. Battis* Übereinstimmung darin, daß es sich bei der Quotenform im Gesetzentwurf um eine leistungsbezogene Quote handle, die weder gegen Art. 33.2 GG noch gegen Artikel 7 BRG oder Artikel 611 BGB verstoße.

Anders bei der „Sozialstaatsklausel",[56] zu der die Meinungen weit auseinandergingen.

Benda, der Frauenförderung unter Berufung auf das Sozialstaatsprinzips begründete, betonte die Notwendigkeit einer individuellen Entscheidung zugunsten der Frau und verwahrte sich dagegen, daß Geschlecht kollektiv als Qualifikationsmerkmal diene,[57] wohingegen durch die Sozialstaatsklausel bei jeder Einstellung und Beförderung eine Einzelentscheidung gefällt werde, um der Situation der Einzelnen gerecht zu werden. Dabei sei eine unterschiedliche Gewichtung der drei Qualifikationsmerkmale Eignung, Befähigung und Leistung durchaus in dem Sinne möglich, daß eine Gleichwertigkeit in der Gesamtbewertung erreicht, und dann gegebenenfalls die Frau berücksichtigt werde, wenn keine schwerwiegenden Gründe für den männlichen Mitbewerber sprechen. Eine Auflistung solcher Gründe hielt Benda nicht für sinnvoll, da „ein solcher Katalog unvollständig sein wird."[58]

Anders seine Kollegin *Dr. Slupik*, die eine dezidierte Auflistung von Einzelfällen innerhalb dieser Klausel forderte. Mit der generalisierten Klausel hält sie das Gesetz für schwer handhab- und leicht umgehbar, da damit die Gründe die bisher zur Bevorzugung von Männern angeführt worden seien – wie z.B. „Doppelverdienertum"[59] – auch weiterhin benutzt werden könnten. Die Formulie-

54 611 a enthält ein geschlechtsbezogenes Benachteiligungsverbot, wonach „der Arbeitgeber einen Arbeitnehmer bei einer Vereinbarung oder einer Maßnahme, insbesondere bei der Begründung des Arbeitsverhältnisses, beim beruflichen Aufstieg, bei einer Weisung oder einer Kündigung, nicht wegen seines Geschlechts benachteiligen darf." und 611 b fordert eine neutrale Ausschreibung des Arbeitsplatzes, zitiert nach: Palandt, Bürgerliches Gesetzbuch, 50. Auflage, Kommentar, München 1991, S, 658-660

55 Landtag Nordrhein Westfalen (Hrsg), Ausschußprotokoll 10/1211: Protokoll der 13. Sitzung, Düsseldorf 1989, Dr. Kempen, S. 17

56 Darunter wird der Einschub in Artikel 1, Absatz 1 FFG verstanden, wonach Frauen bevorzugt werden sollen „sofern nicht in der Person eines Mitbewerbsers liegende Gründe überwiegen". Vgl. Text 4 im Anhang

57 Ausschußprotokoll, Benda, S. 3

58 Ebd. S. 29

59 Ausschußprotokoll, Slupik, S. 11

rung „negativer Auschlußgründe“ schien ihr am besten geeignet zu verhindern, daß das „Sozialstaatsprinzip in dieser Regelung zugunsten von Männern effektiviert werden kann. „[60]

Prof. Battis, der die Notwendigkeit der Einzelfallgerechtigkeit durch die Sozialstaatsklausel garantiert sieht, teilte die Bedenken seiner Kollegin nicht. Seiner Ansicht nach ist die Gefahr nicht mehr gegeben, daß solche Kriterien wie „Doppelverdienertum“ Berücksichtigung finden dürften.[61]

Ein weiterer wichtiger Punkt bei der Diskussion des Gesetzentwurfes ist der Zusammenhang zwischen Frauenförderung und Qualifikationsbegriff.

So schlug *Prof. Stober* vor, die Vorschriften im Landesbeamtengesetz auszuschöpfen und den Eignungsbegriff um die „spezifischen weiblichen Fähigkeiten“[62] von Frauen zu erweitern, anstatt ein Gesetz zu schaffen.

Prof. Benda hingegen hielt eine unterschiedliche Gewichtung der Kriterien, je nach den konkreten Erfordernissen für zulässig, so daß sich bei Unterschieden eine „Gleichwertigkeit der Gesamtbewertung ergibt.“[63] Auch *Prof. Battis* sah die Möglichkeiten der Umgehung des Gesetzes durch den Qualifikationsbegriff, doch machte er in der Anhörung keine konkreten Vorschläge.

Nach Frau *Dr. Slupik* besteht die Gefahr, daß durch die Möglichkeit flexibler Qualifikationskriterien Frauen nicht unbedingt gefördert, sondern vielmehr die Kriterien derart erweitert werden, daß Männern im Vergleich zu Frauen wieder ein Qualifikationsvorsprung eingeräumt wird. Deshalb forderte sie keine Veränderung der Kriterien, sondern eine numerische Zielvorgabe, um so eine „handhabbare Größe zu haben“.[64]

Die Gewerkschaften und Berufsverbände schätzten den Gesetzentwurf überwiegend positiv ein. Ablehnend äußerten sich der *Deutsche Beamtenbund*, der *Nordrhein-Westfälische Städte- und Landkreistag, der Städte und Gemeindebund NRW* und der *Deutsche Richterbund*, die zwar gezielte Maßnahmen zur Förderung von Frauen befürworteten, das Gesetz aber vor allem wegen der Quotenregelung für ein ungeeignetes Mittel hielten, da sie die Feststellung einer gleichen Qualifikation auf grund eines uneinheitlichen Bewertungssystems äußerst schwierig einschätzten.[65]

Auch die Gesetzesbefürworter betonten in ihren Stellungnahmen die Problematik der Qualifikation.

So mochten sowohl *ÖTV* als auch *DAG* den Begriff der gleichen Qualifikation in „gleichwertige“ umgewandelt sehen, um dem juristischen Sprachgebrauch zu entsprechen. Da es schon ohne das FFG Streitigkeiten um den Qualifikationsbegriff gebe, solle nun durch das FFG eine Regelung gefunden werden, die zur Problemlö-

60 Ebd. S. 11

61 Auschußprotokoll, Battis, S. 15

62 Als derartige Eigenschaft nennt er 'Integrationsfähigkeit'. Ausschußprotokoll, Prof. Stober, S. 9 und S. 52

63 Ausschußprotokoll, Prof. Benda, S. 4

64 Ausschußprotokoll, Dr. Slupik, S. 55

65 Ebd. S. 76,. S. 81-85, S. 103

sung beitrage. Auch forderte die Sprecherin der *DAG*, daß Fehlzeiten durch Geburt bzw. Erziehung von Kindern sich für die Karriere nicht nachteilig auswirken dürfen.[66]

Im Unterschied zu den Juristen hoben Verbände und Gewerkschaften klar die vielfältigen Probleme bei der Umsetzung des Gesetzes hervor.

So befürchteten sowohl die Vertreterin des *Deutschen Beamtenbundes-Landesbund NRW* als auch der Vertreter des *Nordrhein-Westfälischen Städte und Landkreistages* die Gefährdung des sozialen Friedens durch das Gesetz, da Frauenförderung weniger eine Frage der gesetzlichen Bestimmungen, als vielmehr der gesellschaftlichen Akzeptanz sei.[67] Deshalb bedürfe es zur „wirksamen Frauenförderung" mehr als eines Gesetzes, das ohne Rahmenbedingungen nur eine „leere Hülle" sei.[68]

Zumal im Gesetzentwurf davon ausgegangen wird, daß zur Umsetzung des Gesetzes keine Kosten aufgewendet werden müssen.[69]

Die Großzahl der angehörten Verbände[70] forderte explizit flankierende Maßnahmen, die von der Nennung einzelner Punkte wie „Überzeugungsarbeit bei Personalräten",[71] über „familienfreundliche Arbeitszeitgestaltung" oder die Koppelung der Vergabe von öffentlichen Aufträgen an Frauenförderung,[72] bis hin zu einer genauen Auflistung von Maßnahmen reichte, die unter Art. 1 Zif. 1+2 aufgenommen werden sollen.[73]

Nur wenn Maßnahmen zur Verbesserung der beruflichen Situation von Frauen – Weiterbildung, Wiedereinstieg nach Familienphase, flexible Gestaltung von Arbeitsplätzen – und bessere Organisationsmöglichkeiten für das familiäre Umfeld im Gesetz enthalten seien, habe es den „bewußtseinsbildenden Effekt, (...) ohne den gar nichts geht."[74]

Ferner forderte sowohl der *DAG* als auch die anwesende *Gleichstellungsbeauftragte* eine Regelung von Sanktionen bei Nichtbeachtung des Gesetzes und die Übertragung der Beweislast auf die Behörde.

Es läßt sich also feststellen, daß alle Problemfelder, die mit Frauenförderung durch Quotierung verbunden sind, mehr oder weniger ausführlich thematisiert und diskutiert wurden.

---

66 Ausschußprotokoll, Frau Klein (DAG-Landesverband Nordrhein-Westfalen), S. 71

67 Ausschußprotokoll, Frau Redemann (DBB, Deutscher Beamtenbund – Landesbund Nordrhein-Westfalen), S. 76

68 Ebd. S. 76

69 Vgl. Text 4 im Anhang

70 Das sind der Städte und Gemeindebund NRW, die ÖTV, der Landesfrauenrat NRW; der Landesverband der Deutschen Angestellten Gewerkschaft, sowie der Deutsche Beamtenbund NRW

71 Ausschußprotokoll, ÖTV, S. 70

72 Ausschußprotokoll, DAG, S. 75

73 Ausschußprotokoll, Landesfrauenrat NRW, S. 99-100

74 Ebd. S. 100

2.3 Verabschiedung des Frauenförderungsgesetzes

Bis zur zweiten Lesung lagen mehrere Vorlagen zum Gesetzentwurf vor.

So hatte sich der Ministerpräsident des Landes Rheinland-Pfalz gegen eine Einbeziehung der Provinzial-Versicherungsanstalten in das FFG gewandt, und eine dementsprechende Gesetzesformulierung erbeten, was von Seiten des Innenministers in einer Vorlage zum Gesetzenwurf[75] diskutiert und befürwortet wurde.

Die SPD sah schließlich in der Formulierung des Gesetzentwurfs die Gefahr einer „unbeabsichtigten Einbeziehung von Kirchen und öffentlich-rechtlichen Anstalten", weshalb sie eine entsprechende Klarstellung für sinnvoll hielt.[76]

In einer Auswertung der Anhörung von Seiten des Innenministers[77] wurden die dort strittig diskutierten Punkte noch einmal aufgegriffen und erläutert, wobei zu dem Ergebnis gekommen wurde, daß gegen den Gesetzentwurf in der bestehenden Form keine durchgreifenden rechtlichen Bedenken bestehen und das verbleibende „Restrisiko" in Kauf zu nehmen ist,[78] eine Einschätzung, die der Rechtssauschuß des Landes nicht teilte und den Entwurf mit 5 Stimmen von CDU/FDP gegen 5 Stimmen der SPD ablehnte.[79] Dagegen war der Gesetzentwurf vom Ausschuß für Innere Verwaltung mit den Stimmen der SPD gegen die Stimmen der Oppostion angenommen worden.[80]

Schließlich ist noch ein Änderungsantrag der CDU zu nennen, die eine Umbenennung des Gesetzes in „Gesetz zum Ausgleich der durch Familienarbeit verursachten Nachteile bei Frauen und Männern im öffentlichen Dienst"[81] forderte. Mit der Ablehnung dieser Formulierung konnte verhindert werden, daß Frauenförderung primär als „Familienförderung" verstanden wird. Zwar ist die Förderung und Aufhebung der Benachteiligung von Frauen durch Geburt und Erziehungszeiten von Kindern ein wichtiger Aspekt der Frauenförderung, doch darf sie in keinem Fall alleine darauf reduziert werden.

Der entsprechend der stattgegebenen Anträgen durch einen neuen Absatz[82] ergänzte Entwurf – wurde mit den Stimmen der Fraktion der SPD, und gegen die

---

75 Landtag Nordrhein Westfalen (Hrsg): Vorlage des Innenministers, Nr. 10/2340 vom 2.09.1989

76 Landtag Nordrhein Westfalen (Hrsg): Vorlage des Innenministers, Nr. 10/2189

77 Im Einvernehmen mit der Parlamentarischen Staatssekretärin. Landtag Nordrhein Westfalen (Hrsg): Vorlage des Innenministers, Nr. 10/2264

78 Ebd. S. 2 u. 3

79 Landtag Nordrhein Westfalen (Hrsg): Vorlage des Rechtsausschusses Nr. 10/2316 vom 25.08.89

80 Landtag Nordrhein Westfalen (Hrsg): Vorlage des Ausschusses für Innere Verwaltung, Nr. 10/2311 vom 22.08.89

81 Vgl. Landtag Nordrhein-Westfalen, 10. Wahlperiode, Drucksache 10/4686, Änderungsantrag der Fraktion der CDU, zu der Beschlußempfehlung und dem Bericht des Ausschußes für Frauenpolitk, Düsseldorf den 05.09.89

82 Der Gesetzentwurf der Landesregierung – Drucksache 10/3849 – wird mit der Maßgabe angenommen, daß in Artikel II hinter Absatz 3 folgender Absatz 4 eingefügt wird:"(4) Die vorstehenden Absätze gelten nicht für die Kirchen und öffentlich-rechtliche Religionsgemeinschaften

Stimmen der Fraktionen von CDU und FDP – am 14.09.89 – mehrheitlich angenommen.

2.4 *Die Quotenform im FFG*

Die Frage nach der Quotenform des FFGs wird auch in der juristischen Diskussion keineswegs übereinstimmend beantwortet.

So spricht *Ilse Ridders-Melchers*, die Parlamentarische Staatssekretärin des Ministeriums für Gleichstellung in NRW und Mit-Initiatorin des Gesetzes von einer „echten 50 Prozent-Ziel Quote".[83]

Der überwiegende Teil der Juristen und Juristinnen hingegen, die sich zur Quotenregelung des FFGs geäußert haben, sprechen von einer leistungsabhängigen Quote,[84] einer sogenannten Verfahrensquote und *Sibylle Raasch* spricht sogar von einer „etwas lapprigen Entscheidungsquote"[85].

Am weitesten geht die Juristin *Barbara Degen*, die die These vertritt, daß das FFG überhaupt keine Quote enthalte.[86]

Der Grund für die unterschiedlichen Einschätzungen der Quote liegt in der sogenannten „Öffnungsklausel",[87] die aus einer klaren leistungsabhängigen Entscheidungsquote, eine Quote macht, die einzuhalten ist, „sofern nicht in der Person des Mitbewerbers liegende Gründe überwiegen." Eine genaue Auflistung derartiger Gründe fehlt aber ebenso wie eine negative Ausschlußliste von nicht heranziehbaren Gründen. Auf die Forderungen einiger Sachverständigen und Praktikerinnen wurde nicht eingegangen und sogar der heftig umstrittene Qualifikationsbegriffe-wurde in der bestehnden Form beibehalten. Damit wurde „das absolute Minimum von dem gemacht, was sie überhaupt per Gesetz hätten machen können."[88] Daß dieses Vorgehen auch Rückschlüsse auf die Wirksamkeit des FFGs zuläßt, steht außer Zweifel. Ein offen formuliertes Gesetz, daß bei Nichteinhaltung keine Sank-

---

sowie für die Provinzial-Versicherungsanstalten der Rheinprovinz." siehe: Landtag Nordrhein-Westfalen, Ausschuß für Frauenpolitik, Drucksache Nr. 10/4686

83 Ridders-Melchers, Ilse: Frauenförderung im öffentlichen Dienst. S. 57, in: Frauenförderung in der Praxis. Frankfurt 1990, S. 55-62

84 So Prof. Benda, Prof. Battis im Auschußprotokoll, a.a.O., ebenso Claudia Zimmermann-Schwartz in ihrem Beitrag „Neues zur Frauenförderung" in den Nordrhein-Westfälischen Verwaltungsblättern, 3, 1989, Nr. 11, S. 396-398

85 Raasch, Sibylle: Frauenförderpläne und ihre rechtliche Durchsetzbarkeit. in: Arbeitskreis der Wissenschaftlerinnen in NRW, Hochschuldidaktisches Zentrum der Universität Dortmund (Hrsg.): Wissenschaftlerinnen-INFO, Nr. 14, 1990, S. 45

86 Degen, Barbara: Das Frauenförderungsgesetz NRW – Ansprüche und Schwächen. in: Fraktion die GRÜNEN im Landtag Nordrhein-Westfalen (Hrsg.): Einbruch in die Männerwelt. Zur Diskussion um gesetzliche Frauenförderung. Aachen 1991, S. 23-31

87 Vgl. Anhang Text 4, Frauenförderungsgesetz Artikel 1, Abs. 1

88 Raasch, S., a.a.O., S. 49

tionen vorsieht, kann in einem Bereich, der sich noch keiner allgemeinen sozialen und gesellschaftlichen Anerkennung erfreut, keine großen Erfolge erzielen.

3. Stärken und Schwächen des FFGs

Das gültige Frauenförderungsgesetz wurde also, nach ausführlichen Diskussionen in der Form belassen, in der es diskutiert worden war.

Dabei war man zu der Einschätzung gelangt, daß weder die juristischen[89], noch die inhaltlichen Bedenken eine Änderung des Entwurfs notwendig machen.

Die Problematik des bestehenden Qualifikationsbegriffs berücksichtigte die Landesregierung derart, daß bei der Überarbeitung der Beurteilungsrichtlinien „ein möglichst umfassender, beiden Geschlechtern gerecht werdender Kriterienkatalog" erstellt werden sollte.[90]

Die Richtlinien sind sehr allgemein – geschlechtsneutral – formuliert, so daß sie zwar eine Förderung von Frauen durch die Hervorhebung bestimmter Merkmale zulassen, es aber keinen expliziten Hinweis darauf gibt, die Beurteilungskritierien auch im Hinblick auf Frauenförderung zu nutzen.[91] Ein direkter Verweis auf das FFG fehlt ebenso wie eine begleitende Ausführungsrichtlinie, die den Personalentscheidern ein Hilfsmittel wäre.

So liegt es primär in deren Ermessen, wie sie die Beurteilungsrichtlinien anwenden und ob sie bereit sind, das FFG umzusetzen, oder leerlaufen zu lasssen. Da das Gesetz über keinerlei Sanktionsmaßnahmen verfügt, ist sein Erfolg vom Wohlwollen einiger weniger abhängig.

Und das umso mehr, seit das Oberverwaltungsgericht (OVG) von Nordrhein-Westfalen im Oktober 1990 das BVerfG angerufen hat.

3.1 Die Anrufung des Bundesverfassungsgerichtes – direkte und indirekte Auswirkungen

Das OVG Münster hatte in zweiter Instanz das Verfahren um die Klage wegen einer Beförderung ausgesetzt und an das BVerfG weitergegeben, das prüfen solle, ob §25v Abs. 5 Satz 2 1. Halbsatz LBG NW – bevorzugte Beförderung von Frauen

89 Auf die Erläuterungen hinsichtlich der juristischen Bedenken soll an dieser Stelle nicht mehr näher eingegangen werden. Zur Information sei auf die Vorlage des Innenminister 10/2264 vom 18 Juli 1989 verwiesen.

90 Ebd. S. 8

91 Vgl. Ministerialblatt für das Land Nordrhein Westfalen, 44. Jahrgang, Nr. 37: Richtlinien für die dienstliche Beurteilung der Beamten im Geschäftsbereich des Innenministeriums

„a) mit § 7 des Rahmengesetzes zur Vereinheitlichung des Beamtenrechts in der Fassung der Bekanntmachung vom 27. Februar 1985, zuletzt geändert durch das Katastrophenschutzergänzungsgesetz vom 23. Januar 1990 – BGBl I 120,

b) mit Art. 33 Abs. 2 iVm Art. 3 Abs. 2 und 3 des Grundgesetzes vereinbar ist.“[92]

Die Klage eines Mannes, gegen die Beförderung einer Frau zur Konrektorin war in erster Instanz abgewiesen worden.[93]

Da er mit ihr als gleich qualifiziert dargestellt worden war, und nach bisherigem Verfahren auf Grund des höheren Dienstalters den Vorrang bei der Beförderung gehabt hätte, sah er in ihrer Beförderung eine Diskriminierung seiner Person auf Grund des Geschlechts. Diese Einschätzung teilte das angerufene Amtsgericht Arnsberg allerdings nicht.

Sein ablehnendes Urteil begründete es folgendermaßen: „Sind Leistung und Eignung der Beförderungsbewerber beurteilt worden, so gebührt demjenigen der Vorzug, der nach Maßgabe der Beurteilungen als der Bestgeeignete erscheint. Hiervon ausgehend weisen die dienstlichen Beurteilungen, sowohl des Antragsstellers als auch der Beigeladenen als gleichqualifiziert für die zu besetzende Stelle aus. In einem derartigen Fall obliegt es dem Dienstherrn, darüber zu entscheiden, welchen zusätzlichen sachgerechten Kriterien er bei der nach seinem Ermessen zu treffenden Auswahl größere Bedeutung beimißt. In diese Ermessensausübung ist der Dienstherr allerdings durch § 25 Abs. 5 Satz 2 LBG in der Weise beschränkt, daß als Hilfskriterium grundsätzlich unter mehreren Bewerbern und Bewerberinnen Frauen der Vorzug zu geben ist. (...) Das Dienstalter stellt in dieser Hinsicht lediglich ein äußerst gering zu bewertendes Hilfskriterium dar, weil es für sich selbst gesehen kein sachlich gerechtfertigtes Unterscheidungskriterium darstellt, sondern lediglich mittelbar Grundlage anderer Aspekte dienstlicher oder sozialer Art sein kann.“[94]

Damit wurde Frauenförderung klar als vorrangig vor eine Beförderung auf Grund des Dienstalters gestellt, da sich dieses Hilfskriterium, das bisher in Pattsituationen zum Tragen gekommen war, nun durch die Schaffung einer gesetzlichen Grundlage erübrigt.

So positiv die Ablehnung des Antrags im Ergebnis ist, so wäre doch eine andere Begründung viel einleuchtender und für die Frauenförderung dienlicher gewesen. Wieso soll, wenn nach strengen Leistungskriterien befördert werden soll, ein höheres Dienstalter, als Kriterium für Beförderungen dienen? Widerspricht eine derartige Beförderungspolitik dem Leistungsprinzip nicht in noch größerem Maße als eine

---

92 12. Senat des Oberverwaltungsgericht für das Land Nordrhein-Westfalen vom 23. Oktober 1990, Nr. 12B 2298/90 - 2 L 423/90 Arnsberg, S. 3

93 2. Kammer des Verwaltungsgerichtes Arnsberg, Nr. 2 L 423/90 vom 23. Juli 1990

94 Ebd. S. 3-4

Anwendung des FFGs auf Grund bestehender struktureller Diskriminierung von Frauen? Würde nicht gerade die Entscheidung für eine Frau in Pattsituationen dem Leistungsprinzip gerechter als die Entscheidung nach 'Sitzzeit'?

Eine Reihe von Fragen die weder im Arnsberger und noch viel weniger im Münsteraner Urteil begründet werden.

Dieses setzt sich erst gar nicht mit dem Hilfskriterium Dienstalter auseinander, sondern stellt die Unvereinbarkeit des FFGs mit Grundgesetz und Beamtenrechtsrahmengesetz in den Vordergrund.

Mit der Aussetzung des Verfahrens und der Weitergabe einer Entscheidung an das BVerfG wird das Gesetz „lahmgelegt". Obwohl noch in Kraft scheuen sich viele Personalentscheider vor einer Einstellung oder Beförderung von Frauen auf Grund des FFGs, in dunkler Vorausahnung einer Klage von Seiten der männlichem Mitbewerber.[95] Denn solange das BVerfG nicht entschieden hat, muß die Beförderungs- oder Einstellungsentscheidung im Falle einer Klage ausgesetzt werden, was zu einer Lähmung des ganzen Arbeitsablaufes führt.

Somit wurde eine äußerst kontrovers diskutierte aber schließlich im Mehrheitsbeschluß getroffene politische Entscheidung auf juristischem Wege boykottiert, und die Verantwortung dafür vom Gesetzgeber auf die Justiz übertragen. Diese „Justizialisierung" ist um so problematischer, als das Gesetz durch die lange Interimszeit zwischen Anrufung und Entscheidung des BVerfG geschwächt wird, Frauenförderung auf „Eis gelegt" und so die in mühevoller Kleinarbeit aufgebaute Akzeptanz von Frauenförderung in der Gesellschaft wieder zunichte gemacht wird.[96]

3.2 *Befragung von Gleichstellungsbeauftragten in NRW*

Eine Befragung von Gleichstellungsbeauftragten an den Hochschulen Nordrhein-Westfalens, die das Ziel hatte Tendenzen bei der Implementation des Frauenförderungsgesetzes aufzuzeigen, brachte nicht in diesem Maße angenommene Schwierigkeiten zutage.

In einem von der Verfasserin aus quantitativen und qualitativen Fragen zusammengestellten Fragebogen sollten in einem ersten Teil (mit 7 Fragen) statistische Informationen abgefragt werden – so z.B. die Gesamtzahl der Einstellungen von Frauen in Positionen mit bestehendem niedrigen Frauenanteil, die Gesamtzahl von Beförderungen und der Frauenanteil etc. – während der zweite Teil des Fragebo-

95 So waren dem Vorsitzenden des Philologenverbandes zum Zeitpunkt eines Interwies für die Panorama Sendung zum Thema Frauenförderungsgesetz vom 5.03.91 alleine aus dem Bereich des Gymnasiums in NRW 60 derartige Fälle bekannt. vgl. NDR (Hrsg.): Manuskript zur Panorama Sendung Nr. 467 vom 5.03.1991, S. 7

96 So ist nach der Anrufung des BVerG Frauenförderung durch Quotierung in negative Schlagzeilen geraten, und die Verfassungswidrigkeit besonders in der konservativen Presse in den Mittelpunkt gestellt worden.

gens die Einschätzung von Schwächen und Stärken des FFGs aus der Sicht der Frauenbeauftragten betraf (8 Fragen).

Der – auf Grund des persönlichen Interesses der Befragten an der Thematik – erwartete große Rücklauf auf die im Mai 1991 gestartete Umfrage blieb aus.

Telefonische Nachfragen ergaben, daß sich die zum großen Teil erst seit kurzer Zeit im Amt befindlichen Gleichstellungsbeauftragten, auf Grund der enormen Arbeitsbelastung – durch Aufbau der notwendigen Infrastruktur an der Universität, Anträge zur Bewilligung von Schreib- oder Hilfskräften – und eine chronische personelle Unterbesetzung generell nicht in der Lage sahen, den Fragebogen zu beantworten. Ein weiterer großer Teil der Befragten sah sich außerstande die statistischen Fragen[97] zu beantworten, da entsprechendes Zahlenmaterial nicht vorliegt. Auch wurde angeführt, daß die Gleichstellungsbeauftragten eine derartige Arbeit auf Grund des enormen Arbeitsaufwandes nicht leisten können, selbst aber großes Interesse an entsprechenden Statistiken über ihre oder andere Hochschulen hätten.[98]

Schließlich war in einigen Universitäten die Stelle der Gleichstellungsbeauftragten nicht besetzt – weil die zuständige Frau ihr Amt zurückgegeben, oder noch keine entsprechende Frau benannt worden war.

So blieb also nur ein geringer Teil[99] von Gleichstellungsbeauftragten, die den Fragebogen vollständig. oder in Teilen[100] ausfüllten. Von diesen wurde die Stärke des Gesetzes[101] überwiegend in der „formalen Argumentationshilfe" gesehen, die „eine Basis für Frauenförderung" schaffe und so der einzelnen Gleichstellungsbeauftragten in der Praxis auch durch die „Grundsätze zur Umsetzung des Frauenförderungsetzes in den wissenschaftlichen Hochschulen"[102] die Möglichkeit eröffne, Entscheidungen transparent zu machen und gegebenfalls zu beeinflussen.

Eine weitaus größere Bandbreite gab es bei der Nennung von Schwächen des FFG.[103] So wurden die in der vorangegangenen Untersuchung herausgearbeiteten Problemfelder von den Frauen der „Praxis" ausnahmslos bestätigt. Ohne Sanktionen könne das FFG „beliebig umgangen werden", zumal die „Grundsätze zur Um-

97 Bezüglich der Gesamtzahl von Einstellungen und Beförderungen und des jeweiligen Frauenanteils.

98 Hier wäre es, um effektive Frauenförderung betreiben zu können, sinvoll, daß Wissenschaftler und Wissenschaftlerinnen auch Bedarfsstudien in der Praxis anstellen, um entsprechende praxisorientierte Forschung zu betreiben.

99 8 von 35 angeschriebenen Hochschulen haben einen ausgefüllten Fragebogen zurückgesandt.

100 Unausgefüllt bieb dann überwiegende der statistische Teil, während die persönliche Einschätzung von Stärken und »Schwächen des FFGs sehr dezidiert ausgeführt wurde.

101 Frage 11 lautete: „Worin sehen Sie die Stärken des FFGs?"

102 Diese Grundsätze waren in einem Runderlaß vom 22. Oktober 1990 vom Wissenschaftministerium des Landes Nordrhein-Westfalen den Hochschulen als Empfehlungen zugegangen, mit der Intention sie nach einem Erprobungszeitraum von zwei Jahren für verbindlich zu erklären.

103 Frage 14 lautete:"Worin liegen Ihrer Einschätzung nach die Schwächen des FFGs?"

setzung des FFGs an den Hochschulen" nur Empfehlungscharakter hätten, und sich viele Hochschulen in ihrer Autonomie eingeschränkt sähen.

Auch der Punkt der vagen Formulierung der „Öffnungskausel" wurde als „Schlupfloch gegen Frauenförderung" gewertet. In der – von Dr. Slupik in der Anhörung zum FFG geforderten – klaren Bestimmung der Öffnungsklausel sahen einige Frauenbeauftragte eine Möglichkeit, das FFG wirksamer zu gestalten. Der Hauptkritikpunkt am FFG betraf aber den Qualifikationsbegriff und die damit verbundenen Entscheidungen. So zeigten Erfahrungen in der Praxis, daß durch die unterschiedliche Auslegung des Qualifikationsbegriffes und eine Schwerpunktlegung auf die Kriterien Eignung und Befähigung, Personalentscheider Frauen schon im Vorfeld einer Pattsituation der „gleichen Qualifikation" 'des Feldes verweisen'. Schon der „Entscheidungspatt wird vom Personalentscheider als solcher bestimmt." Da weniger Frauen als Männer in Entscheidungsgremien sitzen, könne der männlich geprägte Qualifikationsbegriff angewandt, und so die Frau sehr schnell als weniger qualifiziert eingestuft werden.

Eine Befragte nennt schließlich auch die Problematik der Anrufung des BVerfG als Schwäche, da – vor allem im Schulbereich – auf die Einstellung einer Frau auf Grund des FFGs direkt die Klage eines diskriminierten Mannes folge, worin sie den Versuch von Anwälten sieht, „dem BVerfG Druck zu machen."

Ein von den befragten Gleichstellungsbeauftragten nicht aufgeführte aber hier zu nennende Schwäche des FFGs ist schließlich die Tatsache, daß der Ausbildungsbereich bei den Regelungen vollkommen ausgeblendet bleibt. Eine Quotierung von Ausbildungsplätzen, die verfassungsrechtlich als relativ unbedenklich eingeschätzt wird, ist nicht vorgesehen. Damit wurde aber versäumt, eine wichtige Grundlage für Frauenförderung im Berufsleben zu schaffen, indem schon in der untersten Stufe, nämlich bei den Zugangspositonen zu späteren Stellen, Frauen wie Männer gleichermaßen berücksichtigt werden.

Die Diskussion des Frauenförderungsgesetzes in Nordrhein-Westfalen zeigt, daß Quotierung nicht pauschal als Mittel der Frauenförderung begrüßt oder verworfen werden kann.

Sie ist dann ein sinnvolles Mittel, wenn

1. der Qualifikationsbegriff derart ausgestaltet ist, daß er Männer und Frauen in gleicher Weise berücksichtigt
2. die Quotierungsregelung im Rahmen einer Reihe von Maßnahmen zur Frauenförderung steht.
3. sie durch Sanktionen gestärkt wird
4. mit der Durchführung des Gesetzes auch Rahmenbedingungen zu seiner Umsetzung geschaffen werden
5. der Gesetzgeber bereit ist, in Frauenförderung zu investieren.

Der Ansatz des nordrhein-westfälischen Gesetzgebers ein Gesetz zur Förderung von Frauen zu schaffen ist prinzipiell sehr begrüßenswert, doch kann nicht davon ausgegangen werden, daß es „mit keinen Kosten“ verbunden ist, wie es im Gesetzentwurf so einfach heißt. Es stimmt wohl, daß die Quote als solche „nichts kostet“, doch kann sie als Instrument der Frauenförderung nur wirksam werden, wenn sie von begleitenden, durchaus kostenintensiven Maßnahmen begleitet wird, wie im Ausblick abschließend dargestellt.

Es kostet den Gesetzgeber klare Zugeständnisse, die über Absichterklärungen hinausgehen. Er muß in Kauf nehmen, Unternehmen oder Behörden, die Frauenförderung nicht ernsthaft betreiben zu sanktionieren – sei es durch Geldstrafen oder die Streichung von Mitteln – und er muß die Personalentscheider auf vielfältige Weise motivieren, Frauenförderung zu ‘ihrer Sache’ zu machen.’

Sollte das BVerfG die Verfassungsmäßigkeit des Gesetzes bestätigen, ist der Gesetzgebers NRWs aufgefordert, das Gesetz umgehend in den entsprechenden Rahmen zu stellen, um es wieder zu stärken. Aus der gutgemeinten Absichtserklärung sollte dann eine richtungsweisende politische Entscheidung werden.

VI. AUSBLICK – CHANCEN UND RISIKEN

Wo also liegen die Chancen und Risiken der Frauenquoten?

Es kann grundsätzlich festgestellt werden, daß Quotierung bei Beförderungen und Einstellungen eine veränderte Teilhabe von Frauen in den unterschiedlichsten wirtschaftlichen und politischen Bereichen schaffen kann, aber nicht zwangsweise muß, womit das zentrale Problem der Quotendiskussion schon getroffen ist.

Die Quote ist nicht, wie von vielen Frauen erhofft, das probate Mittel um lange bestehende Frauenbenachteiligung und Frauenunterdrückung zu beseitigen. Sie wirkt zwar an bestimmten Punkten von Personalpolitk, vor allem in größeren Unternehmen und Verwaltungen, soweit sie integraler Bestandteil, sowohl der Pesonalabteilung als auch der Gleichstellungspolitik ist, doch sie löst damit noch nicht das zentrale Problem heutiger Frauen im Erwerbsbereich, nämlich die Vereinbarkeit von Familie und Beruf.

Dafür wären vielmehr gesellschaftliche Rahmenbedingungen notwendig, durch die eine langsame aber vollständige Umstrukturierung beider Bereiche möglich würde.

Das geht über die Einrichtung von Kindertagesstätten und Kindergärten, die Veränderung des Qualifaktionsbegriffes, die Auflösung der geschlechtsspezifischen Rollenzuweisung von „Hausfrau-Ernährer" bis hin zu einem veränderten partnerschaftlichen Miteinander in den Beziehungen.

So zeigte das Beispiel Schwedens, daß Frauen dort zwar ebensohäufig wie Männer berufstätig sind, sich aber an ihrer bestehenden Zuständigkeit für Kinder und Haushalt nur wenig geändert hat. Die schwedischen Frauen arbeiten überwiegend teilzeitbeschäftigt und in den nicht karriereträchtigen sozialen Dienstleisutngsbereichen.[1] Da bedeutet aber, daß Quotierung erst nach einer langwierigen gesellschaftlichen Veränderung wirklich greifen würde.

1 Wolfgang Gehrmann bringt diesen Sachverhalt in der Zeit Nr. 38 vom 12.09.91, S. 56 folgendermaßen auf den Punkt:"Schwedens Frauen leisten heute gegen staatlichen Gehalt die sozialen Arbeiten, die sie früher unentgeltlich zu Hause verrichtet haben.

Ein gesellschaftlicher Wandel, zu dem alle gleichermaßen beizutragen hätten: Frauen und Männer, Arbeitnehmer und Arbeitnehmerinnnen, ebenso wie Arbeitgeberinnnen und Arbeitgeber. Interessenverbände und nicht zuletzt auch Exekutive und Legislative.

Die Quote ist zwar, wie in Kapitel II gezeigt, nach der Einrichtung von Gleichstellungsstellen, und der Erarbeitung von Frauenförderplänen, ein großer Schritt in Richtung Gleichberechtigung, doch kann sie nur begleitend wirken. Gleichstellungspolitisches Engagement kann und soll sie nicht ersetzen.

Denn darin liegt auch ein Risiko der Frauenquote. Zum Kampfbegriff verkommen, impliziert sie für eine Seite Machtverlust, der ungerechtfertigter Weise nicht verdient, sondern „qua Quote" zugewiesen wird, und für die andere Seite die Hoffnung, daß qua Quote, die formal gleiche Qualifikation auch zu einer gleichen Teilhabe an Macht führt.

Doch die Quotierung bringt zwar, wie anhand der Untersuchung gezeigt mehr Arbeitsplätze, doch ändert es an der gundsätzlichen Machtverteilung wenig, solange die notwendigerweise bestehenden Gestaltungspielräume zuungunsten von Frauen genutzt werden.

Womit sich der Kreislauf schließen läßt.

Die Quote ist dann ein probates Mittel, wenn sie von Frauen und Männern gleichermaßen akzeptiert und angewandt wird.

VII. Bibliographie

Arbeitskreis der Wissenschaftlerinnen in NRW (Hrsg.): Wissenschaftlerinnen – Info, Nr. 13, 1990

Arbeitskreis der Wissenschaftlerinnen in NRW (Hrsg.): Wissenschaftlerinnen – Info, Nr. 14, 1990

Ballhausen,A./Brandes U. (Hrsg.): Zwischen traditionellem Engagement und neuem Selbstverständnis – weibliche Präsenz in der Öffentlichkeit. Eine empirische Untersuchung zur politischen und sozialen Partizipation von Frauen. Bielefeld 1986

Beck, Ulrich: Risikogesellschaft. Auf dem Weg in eine andere Moderne. Frankfurt 1986

Beck-Gernsheim, E/Ostner, I.: Frauen verändern – Berufe nicht? in: Soziale Welt, Heft 29, 1978, S. 257-287

Beck-Gernsheim, Elisabeth: Das halbierte Leben. Frankfurt 1980

Beck-Oberdorf, Marieluise: Quotierung – das Grüne vom Ei? in: Jansen, Mechthild: Halbe-Halbe. Der Streit um die Quotierung. Berlin 1986, S. 72-77

Beer, U. (Hrsg.): Klasse Geschlecht. Feministische Gesellschaftsanalyse und Wissenschaftskritik. Bielefeld 1989.

Benda, Ernst: Notwendigkeit und Möglichkeit positiver Aktionen zugunsten von Frauen im öffentlichen Dienst. Gutachten im Auftrag der Leitstelle Gleichberechtigung der Frau. Hamburg 1986

Bernardoni, C./Werner, V.: Ohne Seil und Haken. Frauen auf dem Weg nach oben. Deutsche UNESCO Kommission 1985

Bock, U.. Androgynie und Feminismus. Frauenbewegung zwischen Institution und Utopie. Weinheim 1988

Bock-Rosenthal, Erika (Hrsg): Frauenförderung in der Praxis. Frauenbeauftragte berichten. Frankfurt 1990

Böttger, Barbara: Das Recht auf Gleichheit und Differenz. Elisabeth Selbert und der Kampf der Frauen um Art. 3 II Grundgesetz. Münster 1990

Brandt, W./Gollwitzer, H./Henschel, J.F. (Hrsg.): Ein Richter, ein Bürger, ein Christ. Festschrift für Helmut Simon. Baden-Baden 1987

Brunner, Otto: Geschichtliche Grundbegriffe. Stuttgart 1979

Bundesarbeitsgemeinschaft Frauen der GRÜNEN (Hrsg.): Wir haben die Hälfte der Stühle. Was fehlt uns noch zur Hälfte der Macht? Reader zum 2. Feministischen Ratschlag. Bonn 1989

Bundesministerium für Jugend, Familie, Frauen und Gesundheit (Hrsg.): Frauen. Bonn 1989

Busch, G./Hess-Diebäcker, D./Stein-Hilbers, M.: Den Männern die Hälfte der Familie, den Frauen mehr Chancen im Beruf.Weinheim 1988 Ld 698

Cavarero, A.: Der Mensch ist zwei. Wien 1989

Colneric, Ninon: Vorlagepflicht nach EG-Recht bei Normenkontrolle über Frauenquote. in: Betriebs-Berater, Heft 16, vom 10.6.1991, S. 1118+1119

Cornelißen, Waltraud: Gleichheitsvorstellungen in Gleichstellungskonzepten. in: Institut Frau und Gesellschaft, Bd. 3, 1988, S. 1-11

Dahlerup, Trude: From a small to a large minoritiy. Women in Scandinavian Politics. in: Political Studies.11 (4), 1988, S. 275-298

Dahrendorf, Ralf: Lebenschancen. Anläufe zur sozialen und politischen Theorie. Frankfurt 1979

Dahrendorf, Ralf: Über den Ursprung der Ungleichheit unter den Menschen. Tübingen 1961

Dann, Otto: Gleichheit in: Brunner, Otto, 1979, Bd. 2, S. 997 ff

Dann, Otto: Gleichheit und Gleichberechtigung. Das Gleichheitspostulat in der alteuropäischen Tradition und in Deutschland bis zum ausgehenden 19. Jahrhundert

Das Argument. Zeitschrift für Philosophie und Sozialwissenschaften. Hrsg. Frigga Haug/Wolfgang Haug, Nr. 181, Hamburg 1990

Däubler-Gmelin, H./Pfarr, H./Weg, M.: "Mehr als nur gleicher Lohn." Hamburg, 1985.

Degen, Barbara: Das Frauenförderungsgesetz NRW – Ansprüche und Schwächen. in: Fraktion die GRÜNEN im Landtag Nordrhein-Westfalen (Hrsg.): Einbruch in die Männerwelt. Zur Diskussion um gesetzliche Frauenförderung. Aachen 1991, S. 23-31

Degen, Barbara: Das geplante Frauenförderungsgesetz Nordrhein-Westfalen. in: Der Personalrat, 6, 1989, S. 146-148

Die GRÜNEN (Hrsg.): Broschüre zum Antidiskriminierungsgesetz (ADG), 3. überarbeitete Auflage. Bonn 1987

Die GRÜNEN (Hrsg.): Satzung des Bundesverbandes, Bonn 1989

Die GRÜNEN, Fraktion im Landtag Nordrhein-Westfalen (Hrsg.): Einbruch in die Männerwelt. Zur Diskussion um gesetzliche Frauenförderung. Aachen 1991

Diezinger, A.: Frauen: Arbeit und Individualisierung. Chancen und Risiken. Eine empirische Untersuchung anhand von Fallgeschichten. Opladen 1991

Elias, Norbert: Engagement und Distanzierung. Frankfurt 1983

Ericsson, Y.: Schweden. S. 304 in Bernardoni,C./Werner,V.: Ohne Seil und Haken. Frauen auf dem Weg nach oben. Deutsche UNESCO Kommission, 1985

Erler, Gisela: Frauenzimmer. Für eine Politik des Unterschieds. Berlin 1985

Feuersenger, Marianne: Die garanierte Gleichberechtigung. Freiburg 1980

Fraktion Die GRÜNEN im Landtag Nordrhein-Westfalen (Hrsg.): Einbruch in die Männerwelt. Zur Diskussion um gesetzliche Frauenförderung. Aachen 1991

Frauen-Projekte-Buch Nordrhein-Westfalen e.V. (Hrsg.): Frauen, Arbeit und Zukunft. Dortmund 1987

Friauf, K.H.: Grundrechtsprobleme bei der Durchführung von Maßnahmen zur Gleichberechtigung. Rechtsgutachten erstattet im Auftrag des Bundesministeriums des Innern. Schriftenreihe des Bundesministeriums des Innern, Bd. 12, Bonn 1981

Fricke, u.a. (Hrsg.): Jahrbuch Arbeit und Technik in Nordrhein Westfalen. Bonn 1989

Friedrich-Naumann-Stiftung (Hrsg.): Antidiskriminierungsgesetz, 2 Bde.. Königswinter 1984

Garbe-Emden, Kristina: Gleichberechtigung durch Gesetz, Hannover 1984

Gelb, Joyce: "Feminism and Politics." A comparative perspective. Berkley 1989

Gerhard, U./Jansen,M./Maihofer, A./Schmid, P./Schultz, I.: "Differenz und Gleichheit. Menschenrechte haben (k)ein Geschlecht. Frankfurt 1990

Gerhard, U./Schütz, Y. (Hrsg.): Frauensituation. Frankfurt 1988

Gerhard, Ute: Gleichheit ohne Angleichung. Frauen im Recht. München 1990

Greifenhagen, Martin (Hrsg.): Emanzipation. Hamburg 1973

Grimm, Dieter: Grundrechte und soziale Wirklichkeit – zum Problem eines interdisziplinären Grundrechtsverständnisses. in: Hassemer, W., u.a., 1982, S. 39-77

Grundgesetz: Grundgesetz für die Bundesrepublik Deutschland. Bonn 1976

Gruppe Politik – Informationen am IIMV/Arbeitsmarktpolitik: Maßnahmen zugunsten einer besseren Vereinbarkeit von Familie und Beruf. Erfahrungen aus der DDR, Frankreich, Großbritanien und Schweden, sowie Empfehlungen für die BRD, IIM/IM P 81-27, Wissenschaftszentrum Berlin 1982

Hagemann-White,C.: Können Frauen die Politik verändern. in: Aus Politik und Zeitgeschehen, Bd. 9-10, 1987, S. 29-37

Hassemer, W./Hoffmann-Riem, W./Limbach, J.: Grundrechte und soziale Wirklichkeit. Baden-Baden 1982.

Haug, Frigga: Zur politischen Ökonomie der Frauenquote. in: Das Argument, 181, Hamburg 1990, S. 343-355

Hebenstreit, Sabine: Benachteiligung, Gleichberechtigung, Wahlfreiheit – Frauenpolitik im Spiegel der Frauenberichte. in: Frauenforschung 3, Heft 1+2, S. 29-38

Hochschild, Jennifer: What's fair? Cambridge 1981

Hochschule für Wirtschaft und Politik, Hamburg: Zerreißproben um Emanzipation und Quotierung. Westdeutscher Verlag 1989

Hoecker, Beate: Frauen in der Politik. Eine soziologische Studie. Opladen 1987

Hohmann-Dennhardt, Ch.: Antidiskriminierung contra Grundgesetz. in: Zeitschrift für Rechtspolitik, Nr. 10, 1979, S. 247 ff

Hohmann-Dennhardt, Ch.: Gleichberechtigung via Rechtsnorm? Zur Frage eines Antidiskrimierungsgesetzes in der Bundesrepublik. in: Gerhard, U./Schütz, Y. (Hrsg.): Frauensituation. Frankfurt 1988, S. 166-188

Immenkötter, Mechthild: Frauenförderung aus der Sicht landespolitischer Erfahrungen. Am Beispiel: Frauenförderungskonzept für den öffentlichen Dienst des Landes Nordrhein-Westfalen. in: Däubler-Gmelin/Pfarr/Weg: „Mehr als nur gleicher Lohn." Hamburg, 1985. S. 176-181

Infas 1985 (Hrsg.): Situation und Einstellungen von Frauen in Nordrhein-Westfalen. Bonn-Bad Godesberg 1985

Innenministerium des Landes Nordrhein-Westfalen, Referat Aus- und Fortbildung: Fortbildungsprogramm 1991, Düsseldorf 1991

Innenministerium des Landes Nordrhein-Westfalen, Referat Aus- und Fortbildung: Fortbildungsprogramm 1992, Düsseldorf 1992

Institut Frau und Gesellschaft (Hrsg.): Frauenforschung: Kommunale Gleichstellung. (Themenschwerpunkt) Heft 3/1987, Bielefeld 1987

Jansen, Mechthild: "Konservativer Feminismus" mit Rita Süßmuth. in: Blätter für deutsche und internationale Politik 31, 1986, S. 184-201

Jansen, Mechthild: Halbe-Halbe. Der Streit um die Quotierung. Berlin 1986.

Jansen, Mechthild: Quotierung gegen das Konkurrenzsystem. in: diess.: Halbe-Halbe. Der Streit um die Quotierung. Berlin 1986, S. 8-30

Kickbusch, Ilona/Riedmüller Barbara: Die armen Frauen. Frankfurt 1984

Kolinsky, Eva: Women in West Germany. Life, Works and Politics. Oxford 1989

Kontos, Silvia: Modernisierung oder Subsuptionspolitik? Die Frauenbewegungen in den Theorien neuer sozialer Bewegungen. in: Feministische Studien, Heft 2., S. 34-50. 1986

Krautkrämer-Wagner, U.: Die Verstaatlichung der Frauenfrage, Gleichstellungsinstitutionen der Bundesländer – Möglichkeiten und Grenzen staatlicher Frauenpolitik. Bielefeld 1989

Krebsbach-Gnath, Camilla/Schmid-Jörg, Ina: Wissenschaftliche Begleituntersuchung zu Frauenförderungsmaßnahmen. Battelle-Institut e.V.. Schriftenreihe des Bundesministers für Jugend, Familie und Gesundheit.Stuttgart 1985

Kreckel, Reinhard (Hrsg): Soziale Ungleichheiten, Soziale Welt Sonderband 2, Göttingen 1983

Kronenwett-Löhrlein, Eva: Arbeitsmarkt und Beschäftigung in Nordrhein-Westfalen. Der Strukturwandel zugunsten der Angestellten und Höherqualifizierten. in: Fricke u.a. Hrsg.: Jahrbuch Arbeit und Technik in Nordrhein Westfalen. Bonn 1989

Landtag Nordrhein Westfalen, 10. Wahlperiode, (Hrsg): Ausschußprotokoll 10/1211: Protokoll der 13. Sitzung, Düsseldorf 1989

Landtag Nordrhein-Westfalen, 10. Wahlperiode, (Hrsg): Drucksache 10/3849, Gesetzentwurf der Landesregierung, Gesetz zur Förderung der beruflichen Chancen für Frauen im öffentlichen Dienst (Frauenförderungsgesetz – FFG), Düsseldorf den 29.11.88

Landtag Nordrhein-Westfalen, 10. Wahlperiode, (Hrsg.): Drucksache 10/4686, Beschlußempfehlung und Bericht des Ausschusses für Frauenpolitik zum Gesetzentwurf der Landesregierung Drucksache 10/3849 vom 18.09.89

Lang, Regina: Frauenquoten. Der einen Freud, des anderen Leid. Bonn 1989

Langer-El Sayed, I.: Familienpolitik:Tendenzen, Chancen, Notwendigkeiten. Frankfurt 1980

Lautmann, Rüdiger: Die Gleichheit der Geschlechter und die Wirklichkeit des Rechts. Opladen 1990

Leitstelle Gleichstellung der Frau (Hrsg.): Frauenpolitische Maßnahmen des Senat, 1982-85. Hamburg 1986

Lempert, Wolfgang: Zum Begriff der Emanzipation. in: Greifenhagen, Martin (Hrsg.): Emanzipation. Hamburg 1973, S. 216 ff

List, E./Studer, H.: Denkverhältnisse. Feminismus und Kritik. Frankfurt 1989

Lommer, Gisela: Wir wollen nur, was uns zusteht. Quotierung ist mehr als Frauenförderung. in: Steg, E./Jesingshaus, I.,1987, S. 32-44

Mangoldt, H.v./Klein, F.: Das Bonner Grundgesetz, Berlin 1957

Matthes, J. (Hrsg.): Lebenswelt und soziale Probleme. Frankfurt 1981

Mayntz, R. (Hrsg.): Implementation politischer Programme. Bd. 1 Königstein 1980, Bd. 2 Opladen 1983

Metz-Göckel, S./Müller, U.: Der Mann. Die Brigitte Studie. Weinheim 1986

Meuser, M.: Gleichstellung auf dem Prüfstand. Frauenförderung in der Verwaltungspraxis. Pfaffenweiler 1989

Meyer, Birgit: Frauen an die Macht? Politische Strategien zur Durchsetzung der Gleichberechtigung von Mann und Frau. in: Aus Politik und Zeitgeschichte. Beilage zu: Das Parlament, B 9-10, 1989, S. 15-28

Meyer, Birgit: Frauenpolitiken und Frauenleitbilder der Parteien in der BRD. in: Aus Politik und Zeitgeschichte. Beilage zu: Das Parlament, B 34-35, 1990, S. 16-28

Münder, J./ Slupik, V./ Schmidt-Bott, R.: Rechtliche und politische Diskriminierung von Mädchen und Frauen. Opladen 1984

Myrdal / Klein: Die Doppelrolle der Frau in Familie und Beruf, Köln 1962

NDR Redaktion, Hamburg (Hrsg.): Manuskript der Panoramna Sendung Nr. 467 vom 5.3.1991

Ostner, I.: Zukunft der Familie – Zukunft des Haushalts. Herausforderungen und Reformorientierungen aus feminististischer Perspektive in: Unterkircher, L./ Wagner, I. (Hrsg.): Die andere Hälfte der Gesellschaft. Wien 1987, S. 221-234

Palandt Bürgerliches Gesetzbuch, 50. Auflage, Kommentar, München 1991, S, 658-660

Parlamentarische Staatssekretärin für die Gleichstellung von Frau und Mann beim Ministerpräsidenten des Landes Nordrhein-Westfalen (Hrsg.): Erster Bericht zum Frauenförderungskonzept. Kurzfassung. Düsseldorf, Juni 1987

Parlamentarische Staatssekretärin für die Gleichstellung von Frau und Mann beim Ministerpräsidenten des Landes Nordrhein-Westfalen (Hrsg.): Zweiter Bericht zum Frauenförderungskonzept. Düsseldorf, Juli 1989

Parlamentarischer Rat: Stenographische Protokolle des Hauptausschusses, Bonn 1948/49

Parlamentarischer Rat: Stonographische Protokolle des Hauptausschusses, Bonn 1948/49

Peter, Horst: Quotierung, Frauenförderung und Männerwelt. in: Jansen, Mechthild: Halbe-Halbe. Der Streit um die Quotierung. Berlin 1986, S. 92-97

Peter, Irmtraud: Bringt die Quotierung den Frauen etwas: in: Jansen, Mechthild: Halbe-Halbe. Der Streit um die Quotierung. Berlin 1986, S. 37-46

Pfarr, Heide/Bertelsmann Klaus: Gleichbehandlungsgesetz. Zum Verbot der unmittelbaren und der mittelbaren Diskriminierung von Frauen im Erwerbsleben. Herausgegeben vom Hessendienst der Staatskanzlei in Zusammenarbeit mit der Zentralstelle für Frauenfragen

Schewe, C.: Eckpunkte verschiedener Frauenförderungsgesetze. in: Fraktion Die GRÜNEN im Landtag Nordrhein-Westfalen (Hrsg.): Einbruch in die Männerwelt. Zur Diskussion um gesetzliche Frauenförderung. Aachen 1991, S. 53-57

Schlüter, A./Roloff, C./Kreienbaum, M.: Was eine Frau umtreibt. Frauenbewegung – Frauenforschung – Frauenpolitik. Pfaffenweiler 1990

Schlüter, Anne/Stahr Ingeborg, (Hrsg): Wohin geht die Frauenforschung? Dokumentation des gleichnamigen Symposiums vom 11.-12. November 1988 in Dortmund. Köln 1990

Schlüter, Anne: Zum Forschungsbedarf der kommunalen Gleichstellungsstellen – Parteilichkeit für Frauen. in: Schlüter, A./Stahr, I. (Hrsg.): Wohin geht die Frauenforschung. Köln 1990, S. 241-262

Schmidt-Bott, R.: Programme und Konzepte in der Frauenpolitik. in: Münder, J./ Slupik, V./ Schmidt-Bott, R.: Rechtliche und politische Diskriminierung von Mädchen und Frauen. Opladen 1984, S. 141-158

Schneider, H.-P.: Die Gleichstellung von Frauen in Mitwirkungsgremien der öffentlichen Verwaltung. Dargestellt am Beispiel des Landes Schleswig-Holstein. Baden-Baden 1991

Schöpp-Schilling, H.B.: Rückkehr der Väter in die Familie? Erfahrungen aus USA und Schweden, in: Informationen für die Frau 32, 4/1983, S. 9-12

Schultz, Brigitte/Weber, Christina/Klose, Christina/Schmid, Pia: Frauen im pädagogischen Diskurs: eine interdisziplinäre Bibliographie 1984-1988 .

Schultz, D.: Das Geschlecht läuft immer mit .... Die Arbeitswelt von Professorinnen und Professoren. Pfaffenweiler 1991

Selbert, Elisabeth: Zur Entstehungsgeschichte von Art. 3 Abs. 2 des Grundgesetzes im parlamentarischen Rat, in: Mitteilungsblatt des Deutschen Akademikerinnenbundes e.V., 55/1979, S. 19-23

Simitis, S.: Art. 3 GG: Vom Diskriminierungsverbot zum Gleichstellungsgebot. Vortrag gehalten anläßlich der Verleihung des Elisabeth-Selbert-Preises am 2. November 1988

Slupik, V.: Die Entscheidung des Grundgesetzes für Parität im Geschlechterverhältnis. Zur Bedeutung von Art. 3 Abs. 2 und 3 GG in Recht und Wirklichkeit. Berlin 1988

Slupik, V.: Verrechtlichung der Frauenfrage – Befriedigungspolitik oder Emanzipationschance? in: Kritische Justiz 1982

Sozialdemokratischer Informationsdienst, Dokumente Nr. 28, Bundesvorstand der ASF, Hrsg.: Frauen in der SPD. Dokumentation der Quotendebatte vom 30. August 1988 auf dem Bundesparteitag in Münster. Bonn 1989

Steg, E./Jesinghaus, I.(Hrsg): Die Zukunft der Stadt ist weiblich. Frauenpolitik in der Kommune. Bielefeld 1987

Thurow, L. C.: The Zero Sum Society. New York 1980

Unterkircher, L./ Wagner, I. (Hrsg.): Die andere Hälfte der Gesellschaft. Wien 1987

Vogelheim, Elisabeth (Hrsg): Grenzen der Gleichheit. Frauenarbeit zwischen Tradition und Aufbruch. Marburg 1990

Weg, M./Stein, O.: Macht macht Frauen stark – Frauenpolitik der 90er Jahre. Hamburg 1988

Weinacht, Paul: Grenzen der Gleichheit, Grenzen des Konflikts. Hannover 1974

Wettig-Danielmeier, Inge: Wie lebt die SPD mit der Quote. in: Das Argument, 181, Hamburg 1990, S. 389-395

Windhoff-Héritier, A.: Policy Analyse. eine Einführung. Frankfurt 1987

Zentraleinrichtung zur Förderung von Frauenstudien und Frauenforschung an der Freien Universität Berlin: Fraueninformationsblatt WS 91/92

Zimmermann-Schwartz, Claudia: "Neues zur Frauenförderung" in: Nordrhein-Westfälische Verwaltungsblätter, 3, 1989, Nr. 11, S. 396-398

VII. ANHANG

Text 1

Nordrhein-Westfalen:

6/75: Beauftragte für Frauenfragen beim Ministerpräsidenten (SPD/FDP)
12/75: Minister für Bundesangelegenheiten übernimmt die Aufgabe der Frauenbeauftragten (SPD/FDP)
2/78: Umwandlung der Frauenbeauftragten in: „Gruppe Allgemeine frauenpolitische Angelegenheiten" im Ministerium für Arbeit, Gesundheit und Soziales (SPD/FDP)
11/82: Umwandlung der Gruppe „Allgemeine frauenpolititsche Angelegenheiten" in Leitstelle Frauenpolitik beim Ministerium für Gesundheit und Soziales (SPD)
5/86: Umwandlung der Leitstelle in: Die parlamentarische Staatssekretärin für die Gleichstellung von Frau und Mann beim Ministerpräsidenten (SPD)
6/90: Einrichtung eines Ministeriums für die Gleichstellung von Frau und Mann (SPD)

Text 2

1.5 Nordrhein-Westfalen

858 Ministerialblatt für das Land Nordrhein-Westfalen- Nr. 45 vom 27. Juni 1985

I.
Frauenförderungskonzept

RdErl. d. Minister für Arbeit, Gesundheit und Soziales v. 8.5.1985 – LF1-6504.1

Die Landesregierung hat am 30.4.1985 beschlossen:
Zur weiteren Verbesserung der beruflichen Situation der weiblichen Beschäftigten im öffentlichen Dienst des Landes ist im Rahmen des geltenden Rechts künftig nach folgenden Grundsätzen zu verfahren: den Gemeinden und Gemeindeverbänden sowie den der Aufsicht des Landes unterstehenden Körperschaften, Anstalten und Stiftungen des öffentlichen Rechts wird empfohlen, ebenfalls nach diesen Grundsätzen zu verfahren.

1. Besetzung von Stellen

1.1 Einstellung

Die Einstellungspraxis der letzten Jahre, die bereits zu einem erheblichen Anstieg der Frauen im Dienst des Landes geführt hat, wird fortgeführt. Ist es wegen der Vielzahl der Bewerbungen nicht möglich, alle Bewerber/innen in das Auswahlverfahren einzubeziehen, so ist darauf zu achten, daß Frauen bei entsprechender Qualifikation mindestens im Verhältnis ihres Anteils an den Bewerbungen in die Auswahl einbezogen werden. Soweit Auswahlkommissionen bestehen, sollen in diesen auch Frauen vertreten sein.

1.2 Beförderung und Höhergruppierung

Bei der Besetzung von höherwertigen Stellen sollten Frauen – bei gleicher Eignung, Befähigung und fachlicher Leistung wie männliche Bewerber – so berücksichtigt werden, daß sie in angemessenem Zeitraum in allen Ämtern der Besoldungs- bzw. vergleichbaren Vergütungsgruppen entsprechend ihrem Anteil in der jeweiligen Laufbahngruppe (bei Angestellten vergleichbare Vergütungsgruppe) vertreten sind.

1.3 Stellenausschreibung

Bei Stellenauschreibungen ist grundsätzlich sowohl die weibliche als auch die männliche Form zu verwenden. Bei der Abfassung von Stellenauschreibungen ist darauf zu achten, daß weibliche Bewerber gezielt angesprochen werden.

2. Haushaltsrechtliche Maßnahmen für die Einstellung/ Beförderung von Frauen

Landesregierung und Landtag haben unter Berücksichtigung des Haushaltskonsolidierungsbedarfs Maßnahmen getroffen, die geeignet sind, den Dienststellen den notwendigen Bewirtschaftungsspielraum einzuräumen, wenn Frauen wegen Mutterschaft und Kindererziehung zeitweilig ausscheiden. Die haushaltsrechtlichen Vorschriften lassen im einzelnen folgende Maßnahmen zu, die im Interesse der Berufschancen von Frauen voll ausgeschöpft werden sollen.

2.1 Für den Fall der Abwesenheit einer Mitarbeiterin wegen Mutterschaftsurlaub kann durch die Einstellung von Ersatzkräften oder durch organisatorische Regelungen die Vertretung sichergestellt werden. Bei kleineren Behörden bzw. Einrichtungen ist ein personeller Ausgleich etwa durch Abordnung – möglich.

2.2 Im Falle der Beurlaubung nach § 85 a LGB kann eine Leerstelle eingerichtet werden, wenn für die Neubesetzung der Planstelle ein unabweisbares Bedürfnis besteht.
Sofern eine Leerstelle bei einer Beurlaubung nach § 85 a LGB nicht eingerichtet wird, kann die Dienststelle über die Planstelle durch Besetzung mit einer Aushilfskraft verfügen, für den Tarifbereich gilt dies entsprechend.

2.3 Planstellen, die aufgrund von Maßnahmen nach § 85a LGB frei werden, sind von der Stellenbesetzungssperre ausgenommen.

3. Teilzeitbeschäftigung aus familiären Gründen

3.1 Teilzeitbeschäftigten sind die gleichen beruflichen Entwicklungs- und Fortbildungschancen einzuräumen wie Vollzeitbeschäftigten.

3.2 Die organisatorischen Voraussetzungen für Teilzeitarbeit sind auch in solchen Aufgabengebieten zu schaffen, die bisher als schwer teilbar angesehen werden, soweit es mit der Art des Aufgabengebietes vereinbar ist.

3.3 Unter Beachtung der dienstlichen Belange soll ein Interesse der Mitarbeiterin an flexibler Gestaltung der Arbeitszeit berücksichtigt werden.

4. Fortbildung

4.1 Bei der inhaltlichen Gestaltung der Fortbildungsprogramme ist das Thema „Gleichstellung der Frau“ zu berücksichtigen. Dies gilt vor allem für Veranstaltungen, die sich an Beschäftigte in Organisation und Personalabteilungen und an Beschäftigte in Vorgesetztenpositionen richten, sowie für Veranstaltungen, die auf die Übernahme von Führungspositionen vorbereiten sollen. Der Innenminister wird unter Beteiligung des Ministers für Arbeit, Gesundheit und Soziales als Frauenbeauftragter hierfür entsprechende Konzepte entwickeln.

4.2 Fortbildungsveranstaltungen sind so anzubieten, daß Mütter mit betreuungsbedürftigen Kinder und Teilzeitbeschäftigten die Teilnahme erleichtert wird. Maßnahmen der Kinderbetreuung bei Fortbildungsveranstaltungen sind verstärkt vorzusehen.

4.3 Für Mitarbeiterinnen des Schreibdienstes und vergleichbarer Aufgabenbereiche werden spezielle Fortbildungsangebote weiter entwickelt, die ihnen gestatten, ihre berufliche Qualifiaktion für höherwertige Tätigkeiten zu verbessern. Ziel der Fortbildung ist es, durch Vermittlung der erforderlichen Kenntnisse und Fähigkeiten die Umsetzung dieser Mitarbeiterinnen auf geeignete Arbeitsplätze in andere Aufgabenbereiche zu erleichtern. Maßgeblich für die Fortbildung sind die als Anlage beigefügten Grundsätze.

5. Wiederaufnahme der Berufstätigkeit nach Beurlaubung aus familiären Gründen

5.1 Mitarbeiterinnen, die aus familiären Gründen beurlaubt sind, soll während der Beurlaubung die Möglichkeit geboten werden, ihre berufliche Qualifikation zu erhalten und zu verbessern. Diese Mitarbeiterinnen sollen daher die Möglichkeit erhalten, rechtzeitig schon vor Wiederaufnahme ihrer Tätigkeit an Fortbildungsveranstaltungen teilzunehmen; sie sind über das geeignete Forbildungsangebot zu informieren. Die Fortbildungsveranstaltungen sind dienstliche Veranstaltungen i.S. d. Dienstunfallrechts (§ 31 Beamten Versorgungsgesetz). Entstehende Fahrtkosten werden nach dem Landesreisekostengesetz NRW erstattet. (§ 33 Abs. 2 LRKG). Bezüge oder Arbeitsentgelt werden den beurlaubten Beschäftigten aus Anlaß der Teilnahme jedoch nicht gewährt.

5.2 Es sollen organisatorische Vorkehrungen getroffen werden, daß die aus familiären Gründen beurlaubten Mitarbeiterinnen durch eine flexible Gestaltung der Beurlaubung möglichst häufig eine Verbindung zum Beruf aufrechterhalten können. (z.B. durch Urlaubs- und Krankheitsvertretungen).

5.3 Es sollen Fortbildungsveranstaltungen angeboten werden, durch die die berufliche Wiedereingliederung von beurlaubten Mitarbeiterinnen nach Beendigung der Beurlaubung unterstützt wird. Der Innenminister wird unter Beteiligung des Minister für Arbeit, Gesundheit und Soziales als Frauenbeauftragter hierfür entsprechende Konzepte entwickeln.

5.4 Nach Beendigung der Beurlaubung ist die Rückkehr an den alten Dienstort anzustreben.

6. Die unter Nr. 2-5 getroffenen Regelungen gelten für männliche Bedienstete entsprechend.

7. Regelmäßige Berichterstattung

7.1 Die Ministerien unterrichten den Minister für Arbeit, Gesundheit und Soziales als Frauenbeauftragter unter Verwendung der von ihm übersandten Erhebungsbogen zum 15. Mai eines jeden Jahres, erstmals zum 15. Mai 1986 für das vorangegangene Kalenderjahr über die:

a) Zahl der beschäftigten Frauen und Männer bei Dienststellen ihres Geschäftbereichs, getrennt nach Besoldungs-, Vergütungs- und Lohngruppen.

b) Zahl der Frauen und Männer, die sich beworben haben, und die eingestellt worden sind
   - aa) als Auszubildenden
   - bb) als Anwärter/innen bzw. Referndare/Referendarinnen in Laufbahnen des
     - einfachen Dienstes
     - mitttleren Dienstes
     - gehobenen Dienstes
     - höheren Dienstes
   - cc) als Beamte/Beamtinnen z. A. in Laufbahnen des
     - einfachen Dienstes
     - mitttleren Dienstes
     - gehobenen Dienstes
     - höheren Dienstes
   - dd) als Arbeitnehmer/innen, getrennt nach Vergütungs und Lohngruppen

c) Zahl der beförderten und höhergruppierten Frauen und Männer, getrennt nach Besoldungs-, Vergütungs- und Lohngruppen. Ist im Berichtszeitraum der Anteil der Frauen an Beförderungen aus einer Besoldungs- oder Vergütungsgruppe geringer als der Anteil der Frauen, die in der Gruppe vorhanden waren, so ist dies zu begründen.

d) Zahl der Beamtinnen und Beamten, die aus einer Laufbahn des
   - aa) einfachen Dienstes in eine Laufbahn des mittleren Dienstes
   - bb) mittleren Dienstes in eine Laufbahn des gehobenen Dienstes

cc) gehobenen Dienstes in eine Laufbahn des höheren Dienstes aufgestiegen sind.

e) Zahl der gestellten und genehmigten Anträge von Mitarbeiterinnen und Mitarbeitern auf Ermäßigung der Arbeitszeit

f) Zahl der gestellten und genehmigten Anträge von Mitarbeiterinnen und Mitarbeitern auf Beurlaubung aus familiären und arbeitsmarktpolititschen Gründen

g) Zahl der Teilnehmer/innen an Fortbildungsveranstaltungen und Wiedereingliederungsmaßnahmen

7.2.1 Der Minister für Arbeit, Gesundheit und Soziales faßt die Ergebnisse eines Erhebungszeitraumes zusammen. Er unterrichtet die Landesregierung zum 1. September eines jeden Jahres, erstmals zum 1. September 1986, über die Entwicklung im Erhebungszeitraum unter Vorlage einer Zusammenstellung der Erhebungsbogen. Er wird der Landesregierung ggf. weitere, über das Frauenförderungskonzept hinausgehende Maßnahmen empfehlen.

7.2.2 Die Ministerien unterrichten die bei ihnen gebildeten Hauptpersonalräte unter Übersendung einer Ausfertigung des Erhebungsbogens über die Beschlüsse der Landesregierung zur Verbesserung der Chancen der beruflichen Entwicklung von Frauen.

8 Bekanntmachung des Konzepts in Behörden und Landeseinrichtungen

Die obersten Landesbehörden werden in Dienstbesprechungen mit den nachgeordneten Dienststellen ihres Geschäftsbereichs auf eine Umsetzung des Fraunenförderungskonzeptes in geeigneter Weise hinwirken.

Anlage

Anlage zu Punkt 4.3 der „Maßnahmen zur Förderung der weiblichen Beschäftigten in der Landesverwaltung“

Grundsätze

für die Fortbildung von Mitarbeiterinnen des Schreibdienstes und vergleichbarer Aufgabenbereiche in der Landesverwaltung

I.

Ziel der Fortbildung für Mitarbeiterinnen des Schreibdienstes und vergleichbarer Aufgabengebiete ist es, ihnen Gelegenheit zu geben, durch die Teilnahme an entsprechenden dienstlichen Fortbildungsveranstaltungen ihre berufliche Qualifikation für höherwertige Tätigkeiten zu verbessern.
Ziel der Fortbildung ist es ferner, durch Vermitttlung der erforderlichen Kenntnisse des Schreibdienstes und vergleichbarer Aufgabenbereiche auf geeignete Arbeitsplätze in anderen Aufgabenbereichen zu erleichtern.

II.

1. Die obersten Landesbehörden regeln die Fortbildung für Mitarbeiterinnen des Schreibdienstes und vergleichbarer Aufgabenbereiche. Es sind in regelmäßigen Zeitabständen geeignete zentrale und /oder dezentrale Fortbildungsveranstaltungen vorzusehen. Fortbildungsveranstaltungen, die der Vermittlung der erforderlichen Kenntnisse und Fähigkeiten für Aufgaben des allgemeinen Verwaltungsdienstes dienen, sind durch den Innenminister durchzuführen.
2. Bei der Organisation dieser Fortbildungsveranstaltungen ist darauf zu achten, daß Frauen mit Familienaufgaben und Teilzeitbeschäftigten die Teilnahme möglich ist.
3. Die obersten Landesbehörden können die Voraussetzungen für die Zulassung zu den Fortbildungsveranstaltungen entscheiden, die von den obersten Landesbehörden be-

stimmten Stellen aufgrund der Bewerbung oder des Vorschlags des Vorgesetzten.

III.

1. Die obersten Landesbehörden entwickeln für die Fortbildungsveranstaltungen für Mitarbeiterinnen des Schreibdienstes und vergleichbarer Aufgabenbereiche geeignete Veranstaltungsprogramme.
2. Über die erfolgreiche Teilnahme ist eine Teilnahmebescheinigung auszustellen: eine Ablichtung ist zu den Personalakten zu nehmen.

IV.

Mitarbeiterinnen des Schreibdienste und vergleichbarer Aufgabenbereiche, die an einer Fortbildungsveranstaltung mit Erfolg teilgenommen haben, sollen im Rahmen freiwerdender Stellen – auch in anderen Geschäftsbereichen – Gelegenheit gegeben werden ihre Kenntnisse und Fähigkeiten auf einem höher bewerteten Arbeitsplatz anzuwenden. Über freiwerdende Stellen, die für sie in Betracht kommen, sollen sie in geeigneter Weise rechtzeitig unterrichtet werden. Bei internen Stellenausschreibungen ist darauf hinzuweisen, ob die Stelle für Teilnehmerinnen an Fortbildungsveranstaltungen geeignet ist.

MBI.NW:1985S.858
859 – Ministerialblatt für das Land Nordrhein-Westfalen – Nr. 45 vom 27. Juni 1985

Text 3

LANDTAG NORDRHEIN-WESTFALEN **Drucksache 10/3849**

10. Wahlperiode

01.12.1988

Gesetzentwurf
der Landesregierung

Gesetz zur Förderung der beruflichen Chancen für Frauen im öffentlichen Dienst (Frauenförderungsgesetz – FFG)

A. Problem
Trotz des Verfassungssatzes der Gleichberechtigung von Mann und Frau (Art. 3 Abs. 2 GG) ist in der sozialen Wirklichkeit in weiten Bereichen eine Unterrepäsentanz von Frauen festzustellen. Das gilt auch hinsichtlich der Beschäftigung von Frauen im öffentlichen Dienst, insbesondere in Laufbahnen des höheren Dienstes und bei der Vergabe von Beförderungsämtern in vielen Laufbahnen sowie bei vergleichbaren Positionen für Arbeitnehmer.

B.Lösung
Zur Verwirklichung des Gleichberechtigungsgebots hält die Landesregierung eine gesetzliche Regelung nach Maßgabe beiliegenden Gesetzentwurfs für erforderlich, wonach in allen Bereichen des öffentlichen Dienstes bei gleicher Qualifikation (Eignung, Befähigung und fachlicher Leistung; Art. 33 Abs .2 GG) unter Wahrung individueller Chancengleichheit und Einzelfallgerechtigkeit Frauen solange bevorzugt eingestellt und befördert bzw. bei der Übertragung höherwertiger Tätigkeiten berücksichtigt werden sollen, bis ihr Anteil dem dem Männer entspricht.

C.Alternativen
Keine.

D. Kosten
Keine.

E. Zuständigkeit
Zuständig ist der Innenminister.

F. Auswirkungen auf die Gemeinden

Das Gesetz umfaßt auch die Rechtsverhältnisse der im Dienste der Gemeinden stehenden Personen. Im übrigen sind Belange der kommunalen Selbstverwaltung nicht betroffen.

Datum des Orginals: 29.11.1988/ausgegeben: 05.12.1988

Gesetz zur Förderung der beruflichen Chancen für Frauen im öffentlichen Dienst (Frauenförderungsgesetz – FFG)

Artikel I

Das Landesbeamtengesetz in der Fassung der Bekanntmachung vom 1. Mai 1981 (GV.NW. S.234), zuletzt geändert durch Gesetz vom 20. Oktober 1987 (GV. NW. S. 366) wird wie folgt geändert:

1. In § 8 erhält Absatz 4 folgende Fassung:

   „(4) Ernennungen nach Abs. 1 Nr. 1 bis 3 sind nach den Grundsätzen des § 7 Abs. 1 vorzunehmen. Soweit im Zuständigkeitsbereich der Ernennungsbehörde in der angestrebten Laufbahn weniger Frauen als Männer sind, sind Frauen bei gleicher Eignung, Befähigung und fachlicher Leistung bevorzugt einzustellen, sofern nicht in der Person eines Mitbewerbers liegende Gründe überwiegen; ist die Landesregierung die für die Ernennung zuständige Behörde, so ist maßgebend der Zuständigkeitsbereich der obersten Landesbehörde, die den Einstellungsvorschlag macht; Beamte in einem Vorbereitungsdienst, der auch Voraussetzung für die Ausübung eines Berufes außerhalb des öffentlichen Dienstes ist, werden bei der Ermittlung der Beschäftigungsanteile nicht berücksichtigt. Für die Verleihung laufbahnfreier Ämter gilt Satz 2 Halbsatz 1 und 2 entsprechend; in diesen Fällen treten an die Stelle der Laufbahn die jeweiligen Ämter mit gleichem Endgrundgehalt und gleicher Amtsbezeichnung. Für Ernennungen nach Absatz 1 Nr. 4 und 5 gilt § 25 Abs. 5."

2. In § 25 wird als neuer Absatz 5 angefügt:

   „(5) Beförderungen sind nach den Grundsätzen des § 7 Abs. 1 vorzunehmen. Soweit im Bereich der für die Beförderung zuständigen Behörde im jeweiligen Beförderungsamt der Laufbahn weniger Frauen als Männer sind, sind Frauen bei gleicher Eignung, Befähigung und fachlicher Leistung bevorzugt zu befördern, sofern nicht in der Person eines Mitbewerbers liegende Gründe überwiegen; ist die Landesregierung zuständige Behörde, so ist maßgebend der Geschäftsbereich der obersten Landesbehörde, die den Beförderungsvorschlag macht."

3. § 199 wird wie folgt geändert:

a) Der bisherige Wortlaut wird Absatz 1.

b) Als neuer Absatz 2 wird angefügt:

„(2) Für Ernennungen gilt § 8 Abs. 4 Satz 3 mit der Maßgabe, daß die jeweiligen Ämter mit gleichem Endgrundgehalt und gleicher Amtsbezeichnung demselben Fachbereich zugeordnet sind und Professoren im Angestelltenverhältnis in die Berechnung nach § 8 Abs. 4 Satz 2 einbezogen werden.“

Artikel II

(1) Soweit im Zuständigkeitsbereich der für die Personalauswahl zuständigen Dienststelle in der jeweiligen Arbeitnehmergruppe weniger Frauen als Männer sind, sind bei den Dienststellen des Landes, der Gemeinden, der Gemeindeverbände und der sonstigen der Aufsicht des Landes unterstehenden Körperschaften, Anstalten und Stiftungen des öffentlichen Rechts Frauen bei gleicher Eignung, Befähigung und fachlicher Leistung bevorzugt einzustellen, sofern nicht in der Person eines Mitbewerbers liegende Gründe überwiegen. Satz 1 gilt auch für die Übertragung höherwertiger Tätigkeiten, soweit in der damit verbundenen Vergütungsgruppe oder Lohngruppe der jeweiligen Arbeitnehmergruppe weniger Frauen als Männer sind.

(2) Arbeitnehmergruppen sind die Angestellten der Vergütungsgruppen des Bundes-Angestelltentarifvertrags (BAT) in Tätigkeiten, die im Beamtenbereich in einer Laufbahn erfaßt sind und deren Gruppenzugehörigkeit sich im Vergleich von Vergütungs- und Besoldungsgruppen unter Berücksichtigung des § 11 BAT bestimmen läßt. Arbeiter bis Lohngruppe IV sowie Lohngruppe V der Lohngruppenverzeichnisse zum Manteltarifvertrag für Arbeiter der Länder (MTL II) und zum Bundesmanteltarifvertrag für Arbeiter gemeindlicher Verwaltungen und Betriebe (BMT-G II) bilden jweils eine Arbeitnehmergruppe. Zu den Angestellllten und Arbeiter gehören auch die Auszubildenen. In Bereichen, in denen die genannten Tarifverträge nicht gelten, bilden eine Arbeitnehmergruppe diejenigen Arbeitnehmer in artverwandten und in aufeinander aufbauenden Tätigkeitsbereichen, deren Tätigkeiten üblicherweise eine gleiche Vorbildung oder eine gleiche Ausbildung oder eine gleiche Berufserfahrung voraussetzen.

(3) Für Professoren, wissenschaftliche und künstlerische Mitarbeiter im Angestelltenverhältnis sowie für wissenschaftliche, künstlerische und studentische Hilfskräfte gilt als zuständige Dienststelle der Fachbereich. Soweit Professoren im Angestelltenverhältnis beschäftigt werden sollen, werden Professoren im Beamtenverhältnis in die Berechnung nach Absatz 1 einbezogen. Die Professoren und die wissenschaftlichen und künstlerischen Mitarbeiter derselben Vergütungsgruppe, die wissenschaftlichen und künstlerischen Hilfskräfte und die studentischen Hilfskräfte gelten jeweils als eine Arbeitnehmergruppe.

Artikel III

Dieses Gesetz tritt am ersten Tage des auf die Verkündigung folgenden Kalendermonats in Kraft.

Auszüge aus den geltenden Gesetzesbestimmungen

Zu Artikel I, 1.

Beamtengesetz
für das Land Nordrhein-Westfalen
(Landesbeamtengesetz – LBG)
in der Fassung der Bekanntmachung vom 1. Mai 1981

(4) Ernennungen sind nach den Grundsätzen des § 7 Abs. 1 vorzunehmen.

§ 7

(1) Die Auslese der Bewerber ist nach Eignung, Befähigung und fachlicher Leistung ohne Rücksicht auf Geschlecht, Abstammung, Rasse, Glauben, religiöse oder politische Anschauungen, Herkunft oder Beziehungen vorzunehmen.

(2) Jeder Bewerber muß unbeschadet des § 6 Abs. 2 die besondere geistige und charakterliche Eignung für die von ihm gewälte Laufbahn nachweisen.

(3) Die Bewerber werden, soweit dies durch Gesetz oder Rechtsverordnung vorgeschrieben ist, durch Stellenausschreibung ermittelt.

Zu Artikel I, 3.

1. Allgemeines

§ 199

Auf die Professoren, Hochschuldozenten, wissenschaftlichen und künstlerischen Assistenten, Oberassistenten, Oberingenieure, wissenschaftlichen und künstlerischen Mitarbeiter, Lehrkräfte für besondere Aufgaben, die als solche an einer Hochschule des Landes in das Beamtenverhältnis berufen sind, und die in § 223 genannten Beamten finden die für die Beamten allgemein geltenden Vorschriften dieses Gesetzes Anwendung, soweit gesetzlich nichts anderes bestimmt ist.

Begründung

A. Allgemeines

1. Art 3 Abs. 2 GG enthält sowohl ein individuelles Grundrecht als auch eine objektive Wertentscheidung zur Gleichberechtigung von Männern und Frauen. deshalb ist nicht nur rechtliche Gleichheit zwischen Männern und Frauen herzustellen, sondern auch tatsächliche Gleichheit in der sozialen Wirklichkeit herbeizuführen.

2. Aus diesem Grundrecht in Verbindung mit der Sozialstaatsklausel des Art. 20 Abs. 1 GG folgt die Befugnis des Staates, durch geeignete Maßnahmen auf einen Abbau bestehender Benachteiligungen eines Geschlechtes in der sozialen Wirklichkeit hinzuwirken. Es ist demnach zulässig und dem Grunde nach geboten, durch positive Maßnahmen die Beschäftigungsquote von Frauen in allen Bereichen zu fördern, in denen sie bisher unterrepräsentiert sind.

3. Derartige Förderungsmaßnahmen finden allerdings ihre Grenzen in den individuellen Grundrechten des Art. 3 GG, die Männern und Frauen individuelle Chancengleichheit garantieren und Diskriminierungen des Geschlechtes wegen untersagen. Diese Grundrechte dürfen durch entsprechende Förderungsmaßnahmen nicht in ihrem Wesensgehalt angetastet oder eingeschränkt werden.

4. Für die Beschäftigung im öffentlichen Dienst ist außerdem Art. 33 Abs. 2 GG zu beachten, nach dem jeder Deutsche nach seiner Eignung, Befähigung und fachlicher Leistung gleichen Zugang zu jedem öffentlichen Amte hat. Dieses sogenannte Leistungsprinzip der Verfassung darf durch Förderungsmaßnahmen ebenfalls nicht in seinem rechtlichen Gehalt aufgehoben oder unterlaufen werden. Eine Bevorzugung von Frauen kommt damit nur auf der Basis gleicher Qualifikation in Betracht; sie liegt vor, wenn die Summierung der Elemente Eignung, Befähigung und fachliche Leistung zu einem übereinstimmenden Ergebnis führt, auch wenn die einzelnen Faktoren unterschiedlich zu beurteilen sind. Angesichts der Individualität jedes Menschen könnte man insofern auch von einer „gleichwertigen Qualifikation“ sprechen (so z.B. Benda, Notwendigkeit und Möglichkeit positiver Aktionen zugunsten von Frauen im öffentlichen Dienst, Gutachten im Auftrag der Leitstelle Gleichstellung der Frau der Freien und Hansestadt Hamburg, 1986, S. 169/170).

5. Maßnahmen zur Förderung des Beschäftigungsanteils von Frauen im öffentlichen Dienst setzen demnach voraus, daß sie:

a) Leistungsbezogen sind, d.h. auf der Voraussetzung der Feststellung gleicher Qualifikation (Eignung, Befähigung und fachlicher Leistung) mehrerer Bewerber aufbauen und

b) soweit wie irgend möglich die individuelle Chancengleichheit und Einzelfallgerechtigkeit wahren, indem sich bei der Würdigung des konkreten Falles jeweils gegenüber dem gruppenspezifischen Gesichtspunkt der Frauenförderung vorrangige Gesichtspunkte (z.B. schwerwiegende soziale Gründe) zugunsten des gleichqualifizierten männlichen Bewerbers durchsetzen können.

Wegen ihrer hohen Grundrechtsrelevanz können derartige Regelungen außerdem nicht durch Verwaltungsanordnungen, sondern nur durch Gesetz getroffen werden und müssen dem Grundsatz hinreichender Bestimmtheit Rechnung tragen.

1. Die Zuständigkeit des Landesgesetzgebers ergibt sich aus Art. 70 Abs. 1 i. V: m. Art. 75 Nr. 1 GG. Von seinem Recht, über die Rechtsverhältnisse der im öffentlichen Dienste der Länder, Gemeinden und anderen Körperschaften des öffentlichen Rechts stehenden Personen Rahmenvorschriften zu erlassen, hat der Bund in diesem Zusammenhang nur für den Beamtenbereich Gebrauch gemacht. § 7 BRRG, der die Grundsätze der Art. 33 Abs. 2 und Art. 3 Abs. 3 GG zusammenfaßt, stellt jedoch insoweit keine Vollregelung dar und steht ergänzenden Vorschriften über positive Förderungsmaßnahmen nicht entgegen.

   Dasselbe gilt im Ergebnis auch für den Bereich der Arbeitnehmer des öffentlichen Dienstes. Das Verbot geschlechtsbezogener Benachteiligung von Arbeitnehmern nach § 611 a BGB, das der Bund als Norm des Arbeitsrechts aufgrund seiner konkurrierenden Gesetzgebungszuständigkeit erlassen hat, schließt ebenfalls positive Frauenförderungsmaßnahmen für den öffentlichen Dienst nicht aus. Im Hinblick auf Art. 33 Abs. 2 GFG handelt es sich nämlich bei Maßnahmen der Förderung nichtbeamteter Arbeitnehmerinnen im öffentlichen Dienst um Regelungen, die auf die speziellen Belange des öffentlichen Dienstes abgestellt sind und insoweit ebenfalls der Rahmengesetzgebung nach Art. 75 Nr. 1 GG unterfallen. Der Bund hat aber auf diesem Gebiet von seiner Rahmenkompetenz bisher keinen Gebrauch gemacht.

2. Bei der gesetzlichen Regelung ist zu unterscheiden zwischen der Zielvorgabe (Quote) und der Bezugsgröße, auf die sich die Zielvorgabe erstrecken soll. Dem Anliegen uneingeschränkter Gleichberechtigung wird am ehesten ein Verhältnis von 50 : 50 gerecht, weil dies in etwa sowohl der geschlechtsmäßigen Aufteilung der Bevölkerung im erwerbsfähigen Alter entspricht. Die Bevorzugung der Frau soll deshalb in allen Bereichten greifen, in denen mehr Männer als Frauen

sind, und nur, solange dies der Fall ist. Wegen des mit jeder Beurlaubung und Teilzeitbeschäftigung grundsätzlich verbundenen Anspruchs auf Rückkehr zur Vollbeschäftigung ist dabei nicht auf die jeweils Beschäftigten, sondern auf alle Bediensteten anzustellen, die sich in einem Dienst- oder Arbeitsverhältnis befinden.

3. Eine effiziente und praktikable Lösung des Problems setzt des weiteren voraus, daß die Entscheidung über eine Bevorzugung der Frau von der Stelle getroffen wird, der nach den geltenden Zuständigkeitsvorschriften die maßgebliche dienstrechtliche Entscheidung obliegt. Zur Verwirklichung gleicher Teilhabe an den Stellen auf allen Ebenen bietet es sich an, auf das im Beamtenrecht vorherrschende Strukturprinzip zurückzugreifen. Bei der Festlegung der Bezugsgröße innerhalb der Laufbahnen muß jedoch zwischen Einstellungen einerseits und Beförderungen andererseits differenziert werden. Hierzu wird auf die Begründung zu den betreffenden Einzelvorschriften verwiesen.

B. Zu den Vorschriften im einzelnen

Zu Artikel I Nr. 1

Die Vorschrift enthält unter Berücksichtigung der Ausführungen des allgemeinen Teils der Begründung die Bevorzugung von Frauen bei der Einstellung in das Beamtenverhältnis. da die Begründung eines Beamtenverhältnisses (Einstellung) gem. § 8 Abs. 1 LBG stets einer Ernennung bedarf, wird die für Einstellungen beabsichtigte Regelung durch Erweiterung der bei Ernennungen zu beachtenden Grundsätze in § 8 abs. 4 LBG vorgenommen. Um alle Beförderungen, d.h. auch diejenigen, die keiner Ernennung bedürfen, zu erfassen, wird die entsprechende Regelung für Beförderungen durch Ergänzungen des § 25 LBG (s. Art. I nr. 2) getroffen.

Als Bezugsgröße, auf die sich die vorgegebene Quote von 50 : 50 beziehen soll, wird bei Einstellungen die einzelne Laufbahn festgesetzt, die nach § 4 Abs. 1 LVO alle Ämter derselben Fachrichtung umfaßt, die eine gleiche Vorbildung und Ausbildung voraussetzen; zur Laufbahn gehören auch der Vorbereitungsdienst und die Probezeit. Dabei müssen jedoch Beamte in einem Vorbereitungsdienst, der auch Voraussetzung für die Ausübung eines Berufes außerhalb des öffentlichen Dienstes ist (sogenannte Monopolausbildungsgänge) außer Betracht bleiben, weil die Einbeziehung dieser Beamten das Gesamtbild des Verhältnisses der im öffentlichen Dienst innerhalb der Laufbahn beschäftigten Männer und Frauen verfälschen würde und weil auch nicht alle Vorbereitungsdienste dieser Art einer bestimmten Laufbahn zugeordnet werden können. (z.B. der juristische Vorbereitungsdienst).

Die Regelung über die bevorzugte Einstellung von Frauen findet keine Anwendung bei Einstellungen in sogenannten Monopolausbildungsvorbereitungsdienste, weil hier alle Bewerber einen Einstellungsanspruch haben und auch evtl. vorhandene gesetzliche Zulassungsbeschränkungen (z.B. für den höheren Forstdienst) nur den zeitlichen Vorrang bestimmter Bewerber regeln, nicht aber den Einstellungsanspruch als solchen betreffen. Satz 3 regelt die entsprechende Anwendung der Vorschrift für Beamte, auf die die Vorschriften über die Laufbahnen nicht anzuwenden sind und die deshalb nicht bestimmten Laufbahnen zugeordnet werden können. Anstelle der Laufbahn werden hier als Bezugsgröße für die Ermittlung des Frauenanteils die jeweiligen laufbahnfreien Ämter mit gleichem Endgrundgehalt und gleicher Amtsbezeichung festgelegt.

Zu Artikel I Nr. 2

Die Vorschrift enthält unter Berücksichtigung der Ausführungen des allgemeinen Teils der Begründung die Bevorzugung von Frauen bei Beförderungen. Der Systematik des Gesetzes folgend, wird die beabsichtigte Regelung durch Einfügung eines neuen Absatzes über die Auswahlgrundsätze in § 25 LBG getroffen.

Ziel der Regelung ist es, den bereits im Beamtenverhältnis beschäftigten Frauen einen verbesserten Zugang zu den Beförderungsämtern und damit auch zu den Spitzenpositionen zu eröffnen. Da nach bewährten Grundsätzen des Laufbahnrechts Beförderungen jeweils aus dem nächstniedrigeren Amt erfolgen müssen (Verbot der sogenannnten Sprungbeförderung), erscheint im Gegensatz zur Regelung für Einstellungen das Verhältnis aller Männer und Frauen der Laufbahn (einschließlich der Beamten im Vorbereitungsdienst und in der Probezeit) nicht sachgerecht. Für Beförderungen sieht der Gesetzentwurf deshalb die Bevorzugung von Frauen solange vor, bis ihr Anteil im jeweiligen Beförderungsamt der Laufbahn 50 v.H. erreicht hat. Diese Vorgabe entspricht einerseits dem Grundanliegen des Gesetzentwurfs und wird andererseits auch dem Grundsatz der Chancengleichheit für alle Bewerber gerecht.

Einer dem § 8 Abs. 4 Satz 3 entsprechenden Vorschrift für Beamte, auf die die Vorschriften über die Laufbahnen nicht anzuwenden sind, bedarf es in § 25 Abs. 45 nicht, weil Beförderungen im Rechtssinne nur bei Laufbahnbeamten möglich sind.

Zu Artikel I Nr. 3

Die Personalstruktur an den Hochschulen des Landes erfordert für die Berechnung des Frauenanteils bei dem wissenschaftlichen und künstlerischen Personal, für das die Vorschriften über die Laufbahnen nicht gelten, ein zusätzliches Abgrenzungskriterium. Anstelle der bei Laufbahnämtern durch die jeweilige Fachrichtung vorgegebenen Abgrenzung wird deshalb hier auf den jeweiligen Fachbereich abgestellt. Damit soll auf die von Fachbereich zu Fachbereich unterschiedlichen Verhältnisse sowie auf die besondere Verantwortlichkeit der Hochschulen für Personalentscheidungen Rücksicht genommen werden. Da Professoren nur ausnahmsweise in einem privatrechtlichen Dienstverhältnis beschäftigt werden können und ihre Stellung im übrigen der der beamteten Professoren entspricht, werden die Professoren im Angestelltenverhältnis in die Berechnung des Anteilsverhältnisses von Männern und Frauen einbezogen.

Zu Artikel II

Die Vorschrift bedeutet die inhaltsgleiche Übernahme der für den Beamtenbereich vorgesehenen Regelung auf Angestellte und Arbeiter einschließlich der Auszubildenden im öffentlichen Dienst.

1. Da eine entsprechende Anwendung der Bestimmungen des Landesbeamtengesetzes auf Angestellte nicht in Betracht kommt, muß in einer eigenständigen Vorschrift bestimmt werden, für welche Verwaltungen die vorgesehene Regelung gilt. Die sachlichen Kriterien für die bevorzugte Einstellung von Frauen und die Übertragung höherwertiger Tätigkeiten sind die gleichen wie bei Beamtinnen.

   Da die Feststellung des Frauenanteils bei Angestellten nicht von ihrer (fehlenden) laufbahnrechtlichen Zuordnung abgeleitet werden kann, muß der Männer-/Frauenvergleich auf ähnlich gelagerte und zugleich sachgerechte Personalzusammenfassungen abstellen. Die Ermittlung des Anteilsverhältnisses etwa auf der Basis sämtlicher Angestellten des jeweiligen Arbeitgebers oder Geschäftsbereichs führt zu groben Verzerrungen und scheidet deshalb aus.

   Daher ist vorgesehen, die Feststellung, ob weniger Frauen als Männer vorhanden sind, aus der jeweiligen Arbeitnehmergruppe herzuleiten. Da dieser Begriff den Vorschriften des Arbeits- bzw. Tarifrechts unbekannt ist, benötigt er eine Definition, die sich aus Artikel „II Abs. 2 Satz 1 des Entwurf ergibt. Der Begriff „Arbeitnehmergruppe“ setzt sich aus zwei Elementen zusammen. Die Arbeitnehmergruppe bestimmt sich zunächst nach den Tätigkeiten, die im Beamtenbereich in einer Laufbahn erfaßt sind. Weil aber im Angestelltenrecht laufbahngruppenähnliche Zäsuren nicht bestehen, muß, um einen Vergleich zur entsprechenden Laufbahn zu ermöglichen, außerdem durch eine wertgleiche Bezahlung (Vergütung) deutlich gemacht werden, daß es sich um kongruente Sachverhalte handelt.

2. Der gleiche Modus, eine Arbeitnehmergruppe zu bestimmen, läßt sich im Arbeiterbereich nicht verwenden. Die Anlehnung an entsprechende Laufbahnen, etwa des einfachen oder mittleren Dienstes, scheidet weitgehend aus, weil es an vergleichbaren Tätigkeiten im Beamtenbereich fehlt.

   Deshalb bleibt als Differenzierungsmerkmal für Arbeitnehmergruppen im Arbeiterbereich praktisch die Lohngruppe, die jedoch wegen der häufig geringen Zahl der Arbeiter, wegen der zahlreichen Möglichkeiten des Bewährungsaufstiegs bei gleichbleibender Tätigkeit, aber auch wegen unterschiedlicher fachlicher Anforderungen keine zweifelsfreie Bezugsgröße ergibt und deshalb eine laufbahngruppenähnliche Zusammenfassung von Lohngruppen nahelegt. Der Schnitt liegt zweckmäßigerweise bei Lohngruppe V, weil in diese und die folgenden Arbeiter fallen, die eine erfolgreich abgeschlossene Ausbildung in einem anerkannten Ausbildungberuf mit einer geregelten Ausbildungsdauer besitzen oder qualifizierte Arbeiten auf vergleichbarer Ebene verrichten.

   Wenngleich der Anwendungswert der vorgesehenene Gesetzesregelung im Arbeiterbereich örtlich unterschiedlich gesehen werden mag, so kann wegen des Vordringens von Frauen in handwerkliche Berufe relativ schnell eine geänderte Situation entstehen, in der mit Hilfe dieser Vorschrift Frauen verbesserte Berufschancen eröffnet werden. Diese allgemeine Zielsetzung könnte wegen der vorgesehenen Unterteilung der Arbeitnehmergruppen gerade bei qualifiziert ausgebildeten Frauen eine besondere förderliche Wirkung haben.

3. Für Bereiche, in denen der BAT, der MTL II und/oder der BMT-G II keine Anwendung finden, bedarf die Definiton der Arbeitnehmergruppe anderer Anknüpfungspunkte. In diesen Bereichen wird deshalb auf artverwandte und aufeinander aufbauenden Tätigkeitsbereiche abgestellt, deren Tätigkeiten üblicherweise eine gleiche Vorbildung, Ausbildung oder Berufserfahrung voraussetzen. Auf diese Weise wird die Einbeziehung aller der Aufsicht des Landes unterstehenden juristischen Personen des öffentlichen Rechts einschließlich evt. bei ihnen beschäftigter Dienstordnungsangestellter in den Anwendungsbereich des Gesetzes sichergestellt.

4. Absatz 3 enthält eine dem Artikel i Nr. 3 entsprechende Regelung für das im Angestelltenverhältnis beschäftigte wissenschaftliche und künstlerische Personal an den Hochschulen. Es wird insoweit auf die Begründung zu Artikel I Nr. 3 des Gesetzentwurfs verwiesen.

   Außerdem werden die wissenschaftichen, künstlerischen und studentischen Hilfskräfte in den Geltungsbereich des Gesetzes einbezogen, weil diese Tätigkeiten erfahrungsgemäß für den Einstieg in eine wissenschaftliche Weiterqualifizierung bedeutsam sind.

Zu Artikel III

Die Vorschrift betrifft das Inkrafttreten des Gesetzes.

Text 4

Gesetz und Verordnungsblatt für das Land Nordrhein-Westfalen – Nr. 51 vom 17. November 1989

Gesetz zur Förderung der beruflichen Chancen für Frauen im öffentlichen Dienst (Frauenförderungsgesetz-FFG)

Vom 31. Oktober 1989

Der Landtag hat das folgende Gesetz beschlossen, das hiermit verkündet wird:

Artikel I

Das Landesbeamtengesetz in der Fassung der Bekanntmachung vom 1. Mai 1981 (GV.NW. S. 234), zuletzt geändert durch Gesetz vom 14. März 1989 (GV.NW.S. 102), wird wie folgt geändert:

1. In § 8 erhält Absatz 4 folgende Fassung:
   „(4) Ernennungen nach Absatz 1 Nr. 1 bis 3 sind nach den Grundsätzen des § 7 Abs. 1 vorzunehmen. Soweit im Zuständigkeitsbereich der Ernennungsbehörde in der angestrebten Laufbahn weniger Frauen als Männer sind, sind Frauen bei gleicher Eignung, Befähigung und fachlicher Leistung bevorzugt einzustellen, sofern nicht in der Person eines Mitbewerbers liegende Gründe überwiegen; ist die Landesregierung die für die Ernennung zuständige Behörde, so ist maßgebend der Zuständigkeitsbereich der obersten Landesbehörde, die den Einstellungsvorschlag macht; Beamte in einem Vorbereitungsdienst, der auch Voraussetzung für die Ausübung eines Berufes außerhalb des öffentlichen Dienstes ist, werden bei der Ermittlung der Beschäftigungsanteile nicht berücksichtigt. Für die Verleihung laufbahnfreier Ämter gilt Satz 2 Halbsatz 1 und 2 entsprechend: in diesen Fällen treten an die Stelle der Laufbahn die jeweiligen Ämter mit gleichem Endgrundgehalt und gleicher Amtsbezeichnung. Für Ernennungen nach Absatz 1 Nr. 4 und 5 gilt § 25 Abs. 5.“

2. In § 25 wird als neuer Absatz 5 angefügt:
   „(5) Beförderungen sich nach den Grundsätzen des § 7 Abs. 1 vorzunehmen. Soweit im Bereich der für die Beförderung zuständigen Behörde im jeweiligen Beförderungsamt der Laufbahn weniger Frauen als Männer sind, sind Frauen bei gleicher Eignung, Befähigung und fachlicher Leistung bevorzugt zu befördern, sofern nicht in der Person eines Mitbewerbers liegende Gründe überwiegen; ist die Lan-

desregierung die für die Beförderung zuständige Behörde, so ist maßgebend der Geschäftsbereich der obersten Landesbehörde, die den Beförderungsvorschlag macht.

3. § 199 wird wie folgt geändert:

a) der bisherige Wortlaut wird Absatz 1.

b) Als neuer Absatz 2 wird angefügt:

„(2) Für Ernennungen gilt § 8 Abs. 4 Satz 3 mit der Maßgabe, daß die jeweiligen Ämter mit gleichem Endgrundgehalt und gleicher Amtsbezeichnung demselben Fachbereich zugeordnet sind und Professoren im Angestelltenverhältnis in die Berechnung nach § 8 Abs. 4 Satz 2 einbezogen werden."

Artikel II

(1) Soweit im Zuständigkeitsbereich der für die Personalauswahl zuständigen Dienststelle in der jeweiligen Arbeitnehmergruppe weniger Frauen als Männer sind, sind bei den Dienststellen des Landes, der Gemeinden, der Gemeindeverbände und der sonstigen der Aufsicht des Landes unterstehenden Körperschaften, Anstalten und Stiftungen des öffentlichen Rechts Frauen bei gleicher Eignung, Befähigung und fachlicher Leistung bevorzugt einzustellen, sofern nicht in der Person eines Mitbewerbers liegende Gründe überwiegen. Satz 1 gilt auch für die Übertragung höherwertiger Tätigkeiten, soweit in der damit verbundene Vergütungsgruppe oder Lohngruppe der jeweiligen Arbeitnehmergruppe weniger Frauen als Männer sind.

(2) Arbeitnehmergruppen sind die Angestellten der Vergütungsgruppen des Bundes-Angestelltentarifvertrages (BAT) in Tätigkeiten, die im Beamtenbereich in einer Laufbahn erfaßt sind und deren Gruppenzugehörigkeit sich im Vergleich von Vergütungs- und Besoldungsgruppen unter Berücksichtigung des § 11 BAT bestimmen läßt. Arbeiter bis Lohngruppe IV sowie ab Lohngruppe V der Lohngruppenverzeichnisse zum Manteltarifvertrag für Arbeiter der Länder (MTL II) und zum Bundesmanteltarifvertrag für Arbeiter gemeindlicher Verwaltungen und Betriebe (BMT-G II) bilden jeweils eine Arbeitnehmergruppe. Zu den Angestellten und Arbeitern gehören auch die Auszubildenden. In Bereichen, in denen die genannten Tarifverträge nicht gelten, bilden eine Arbeitnehmergruppe diejenigen Arbeitnehmer in artverwandten und in aufeinander aufbauenden Tätigkeitsbereichen, deren Tätigkeiten üblicherweise eine gleiche Vorbildung oder eine gleiche Ausbildung oder eine gleiche Berufserfahrung voraussetzen.

(3) Für Professoren, wissenschaftliche und künstlerische Mitarbeiter im Angestelltenverhältnis sowie für wissenschaftliche, künstlerische und studentische Hilfskräfte gilt als zuständige Dienststelle der Fachbereich. Soweit Professoren im Angestelltenverhältnis

beschäftigt werden sollen, werden Professoren im Beamtenverhältnis in die Berechnung nach Absatz 1 einbezogen. Die Professoren und die wissenschaftlichen und künstlerischen Mitarbeiter derselben Vergütungsgruppe, die wissenschafltichen und künstlerischen Hilfskräfte und die studentischen Hilfskräfte gelten jeweils als eine Arbeitnehmergruppe.

(4) die vorstehenden Absätze gelten nicht für die Kirchen und öffentlichrechtlichen Religionsgemeinschaften sowie für die Provinzialversicherungsanstalten der Rheinprovinz.

Artikel III

Dieses Gesetz tritt am ersten Tag des auf die Verkündigung folgenden Kalendermonats in Kraft.

Düsseldorf, den 31. Oktober 1989

Die Landesregierung
Nordrhein-Westfalen

Der Ministerpräsident
Johannes Rau

Der Innenminister
Schnoor

-GV.NW.1989 S. 567

Erratum

Durch ein bedauerliches Versehen wurden die Angaben zur Autorin im Impressum unkorrekt bzw. unvollständig wiedergegeben. Richtig lauten die Angaben wie folgt:

Zur Autorin: Carmen Leicht-Scholten absolvierte ein Studium zur staatlich anerkannten Übersetzerin für Spanisch und Englisch sowie ein Studium der Politischen Wissenschaften. Derzeit promoviert sie an der Universität Hamburg zum Thema "Das Bundesverfassungsgericht und die Gleichberechtigung der Frau".

Bei vorliegendem Buch handelt es sich um eine im Jahr 1992 verfaßte Magisterarbeit.

Zeitfracht Medien GmbH
Ferdinand-Jühlke-Straße 7
99095 Erfurt, Deutschland
produktsicherheit@kolibri360.de